远尘离垢

雷峰塔与雷峰塔所藏

中国嘉德古籍善本部 主编

上海书画出版社

有得須陀洹果者得斯陀含果者得阿那含果者阿羅漢果者或有得辟支佛道者或有入菩薩位或有得阿毗跋致菩薩者

利　如來之所授記若是塔
　　在之慶有大功勳具大
　　德能滿一切吉慶亦時
　　眾聞佛是說速坐塵能
　　隨禎惱得法眼淨其中

天下兵馬大元帥吳越國王錢俶
造此經八万四千卷捨入西關
塼塔永充供養之乙亥八月日紀

对雷峰塔经的图像学分析

范景中

我对宗教艺术所知甚少，下面试用雷峰塔藏经砖中出现的《一切如来心秘密全身舍利宝箧印陀罗尼经》为例，做一点图像学的分析。此经为五代钱俶所刻，简称《宝箧印经》，袖珍卷轴装，依次为发愿文、扉画、经文，已发现三种，第一种刻于后周显德三年（956），扉画前的发愿文为：

> 天下都元帅吴越国王 / 钱弘俶印宝箧印经 / 八万四千卷在宝塔内供 / 养显德三年丙辰岁记

第二种刻于北宋乾德三年（965），扉画前发愿文为：

> 吴越国王钱俶敬造宝 / 箧印经八万四千卷永 / 充供养时乙丑岁记

第三种即我们现在讨论的这种，刻于北宋开宝八年（975），发愿文为：

> 天下兵马大元帅吴越国王钱俶 / 造此经八万四千卷舍入西关 / 砖塔永充供养乙亥八月日记

这三种发愿文大同小异，所同者都说造经八万四千。关于此数字现有两种说法：一是认为刷印了八万四千卷，但刻了多少版次，无法落实；一是认为八万四千，是佛经极言数量多的一种表示法，未必就是这样大的数目。

第一种说法的道理，我们可以引《佛祖统纪》卷十或卷四十三的记载证明：

> 吴越王钱俶，天性敬佛，慕阿育王造塔之事，用金铜精钢造八万四千塔，中藏《宝箧印心咒经》（此经咒云：造像造塔者，奉安此咒者，即成七宝，即是奉藏三世如来全身舍利），布散部内，凡十年而讫功。

造塔八万四千，印经亦八万四千，费工十年，或者不是虚言。但是一座雷峰塔也能装入八万四千卷经文吗？若不能，发愿文明明写着"造此经八万四千卷舍入西关砖塔"，这又该如何解释？

诵读佛经的人一定知道，这一数字在佛经中并不罕见，例如：

《俱舍论》十二曰："从十年至八万，复从八万减至十年。"此八万为八万四千之略省。增减劫中以八万四千岁之人寿为最长，十岁之人寿为最短。

《法华经药王品》曰："火灭已后，收取舍利，作八万四千宝瓶，以起八万四千塔。"

《智度论》曰："般若波罗蜜，能除八万四千病根本。"

《观无量寿经》曰："无量寿佛有八万四千相，一一相各有八万四千随形好，一一好复有八万四千光明。一一光明遍照十方世界念佛众生，摄取不舍。"对于劣应身（即化身佛）之三十二相八十种好，而胜应身有八万四千之相与好。

《胜鬘经》曰："广大义者，则是无量得一切佛法，摄八万四千法门。"

《法华经·见宝塔品》曰："若持八万四千法藏十二部经，为人宣说。"略为八万十二。能诠之数曰法藏，所诠之义曰法门。皆四万八千。

《三藏法数》记八万细行：行住坐卧之四威仪，各有二百五十戒，共为一千，对于摄律仪戒等之三聚而为三千，又对于杀、盗、淫（身之三支）、两舌、恶口、妄言、绮语（口四支）之身口七支而为二万一千，又配于贪嗔痴之三毒及等分之四烦恼，则为八万四千，是为八万四千之律仪。此说又见《佛学次第统编》。言八万举其成数。

《摩诃止观》一曰："一一尘有八万四千尘劳门。"尘劳为烦恼之别称。

以上所引的八万四千之数，有实有虚，在一种语境中实指，在另一种语境中虚指，这一矛盾的情况告诉我们，一定还有值得深究的意义。

钱俶所印经，不论是实，还是虚，但就其选用此一数字本身而言，必定具有象征意义，而此象征意义如同其扉画一样也在《宝箧印经》之内，诚如经文所云：

当知亦是，如胡麻子，百千俱胝如来全身舍利之聚，乃至八万四千法蕴亦在其中。

法蕴即法藏，诸种之法门蕴积，故曰法蕴。《俱舍论》一曰："所化有情有贪嗔等八万行别，为对治彼八万行故，世尊宣说八万法蕴。"此八万即八万四千之略。

说明了题记之后，我们再看扉画，它描绘的景象是：世尊率天龙八部、释梵四王及大众前往一婆罗门家，中至一园，名曰丰财。园中有古塔，已崩倒摧坏，荆棘掩庭，蔓草封户，瓦砾埋隐，状若土堆。世尊径往塔前，于时塔上放大光明，照耀炽盛。

画面很简约，但要领会它的要义，就必须熟读经文，这就是宗教绘画的特点。没有经文，就无法弄懂它的象征意义。扉画是经文的图解，而象征意义则要依靠经文来表达。以经卷和塔为中心，我们至少可以从经文中读出扉画的 12 种象征意义。

1. 给与会众不可思议的无量功德："一时，佛在摩伽陀国，无垢园中，宝光明池。与大菩萨，及大声闻，天龙药叉，犍闼婆，阿苏罗，迦楼罗，紧那罗，摩睺罗伽，人非人等，无量百千，前后围绕。"佛的常随众一千二百五十五人亦在其中。

2. 释迦牟尼佛和十方诸佛放大光明的无量功德："于时世尊即从座起，才起座已，从佛身出种种光明，间错妙色，照触十方，悉皆警觉。""当尔之时，十方诸佛皆同观视，亦皆泣泪，俱放光明来照是塔。"

3. 释迦牟尼佛和三世诸佛及所说一切经咒密印法要皆在其

中："一切如来俱胝如胡麻心陀罗尼法要，今在其中。""乃至八万四千法蕴，亦住其中；即九十九百千俱胝如来顶相，亦在其中。"

4. 书写（印刷）此经的无量功德："后世若有信男信女，及复我等四部弟子，发心书写此一经典，即为书写九十九百千俱胝如来所说一切经典：即于彼九十九百千俱胝如来之前，种植善根，即亦彼诸一切如来，加持护念，犹如爱眼，亦如慈母，爱护幼子。"

5. 读诵此经的无量功德："若人读诵此一卷经，即为读诵过去现在未来诸佛所说经典。由如是故，九十九百千万俱胝，一切如来，应、正等觉，侧塞无隙，犹如胡麻，重叠赴来，昼夜现身，加持其人。"

6. 供养此经的无量功德："若有人以香华涂香，华鬘衣服，微妙严具，供养此经，即于彼十方九十九百千俱胝如来之前，成天妙香华，衣服严具，七宝所成，积如须弥，而为供养，种植善根，亦复如是。"

7. 书写此经给塔装藏开光的无量功德："若有众生，书写此经，置塔中者，是塔即为一切如来金刚藏窣都婆，亦为一切如来陀罗尼心秘密加持窣都婆，即为九十九百千俱胝如来窣都婆，即为一切如来神力所护。"

8. 以此经给佛像及窣都婆装藏的无量功德："若于佛形像中安置及于一切窣都波中安置此经者，其像即为七宝所成。其窣都波亦为七宝，伞盖、珠网、露槃，交结、德字、铃铎纯为七宝。

一切如来于此法要加其威力，以诚实言本誓加持。"

9. 礼拜供养塔及塔像的无量功德："若有有情能于此塔种植善根，必定于阿耨多罗三藐三菩提不退转。乃至应堕阿鼻地狱者，若于此塔一礼拜，一围绕，必得解脱，皆得不退转于阿耨多罗三藐三菩提。"

10. 塔及形像所在之处的无量功德："塔及形像所在之处，一切如来神力所护。其处不为寒风、雷雹、霹雳所害。又复不为毒蛇、毒虫、毒兽所伤。亦无药叉、罗刹、部多那、毗舍遮、癫痫之怖；亦不为一切寒热诸病、疬瘘痈毒疮疣疥癞所染。""是塔一切如来之所授记，若是塔所在之处，有大功勋，具大威德，能满一切吉庆。"

11. 暂见此塔及形像的无量功德："若人暂见是塔，能除一切灾难，其处亦无，人马六畜，童子童女，疫疬之患，不为横死，非命所夭，不为刀杖，水火所伤，不为盗贼，怨仇所侵。亦无饥馑，贫乏之忧。厌魅咒诅，不能得便。四大天王，与诸眷属，昼夜卫护。二十八部，大药叉将，日月五星，幢云彗星，昼夜护持。一切龙王，加其精气，顺时降雨。一切诸天，与忉利天，三时下来，亦为供养。一切诸仙，三时来集，赞咏旋绕，礼谢瞻仰。释提桓因，与诸天女，昼夜三时，来下供养。其处即为，一切如来，护念加持。"

12. 若人作塔书写此神咒装藏开光的无量功德："若人作塔，以土石木，金银赤铜，书此法要，安置其中，才安置已，其塔即为，七宝所成，上下阶陛，露盘伞盖，铃铎悬缯，纯为七宝。其塔四方，如来形相，由法要故，一切如来，神力所持。其七宝塔大全身舍利藏，高至阿迦尼咤天宫，一切诸天，守卫供养。"

"若有善男子、善女人安此法要安置此陀罗尼于塔像中者，我等十方诸佛随其方处，恒常随逐。于一切时以神通力及誓愿加持护念。"

总而言之，此经功德圆满具足，见（见到）、闻（听见）、持（修持）、近（亲近、接近）、度（自度、度他）皆有无量神力和功德。具其一者，即生解脱，圆满成佛。这就是钱俶大量刊刻《一切如来心秘密全身舍利宝箧印陀罗尼经》的心愿。

目录

1924 年 9 月 25 日，阴历八月二十七日下午，西湖边矗立千年的雷峰塔轰然倒塌。塔倒之日，人们在毁坏的塔砖中发现了吴越国王钱俶于乙亥八月，即北宋太祖开宝八年（975）所刻的《一切如来心秘密全身舍利宝箧印陀罗尼经》，至此，北宋吴越国于史无载、沉寂千年的古刻佛经横空出世。

雷峰塔倒塌之后不久，1924 年 10 月间，避居西湖的晚清诗坛名家，与陈三立，陈衍齐名、号称"海内三陈"的陈曾寿，为西泠印社社员阮性山所得一卷雷峰塔藏经绘《雷峰塔图》一幅，并录其所作新词《八声甘州》。

> 序：甲子八月二十七日，雷峰塔圮，据藏经所题乙亥八月，正宋艺祖开宝八年，距今九百五十余年矣！千载神归，一条练去。末劫魔深，莫护金刚之杵；暂时眼对，如游乾闼之城。半湖秋水，空遗蜕之龙身；无际斜阳，杳残痕于鸦影。爰成此阕，聊写悲悰。
>
> 镇残山风雨耐千年，何心倦津梁。早霸图衰歇，龙沉凤杳，如此钱塘。一尔大千震动，弹指失金装。何若恒沙数，难抵悲凉。
>
> 慰我湖居望眼，尽朝朝暮暮，咫尺神光。忍残年心事，寂寞礼空王。漫等闲、擎天梦了，任长空、鸦阵占茫茫。从今后，凭谁管领，万古斜阳。

陈曾寿这首《八声甘州·镇残山风雨耐千年》写得萧瑟苍凉，沉哀入骨，尤为诗坛各家推崇。在为阮性山的这卷藏经绘图题词一个月后，11 月间，陈曾寿又用朱笔将经卷残损的字迹补足，并题识记录。想来此经卷这一个月间一直在他的家中。之后，他将

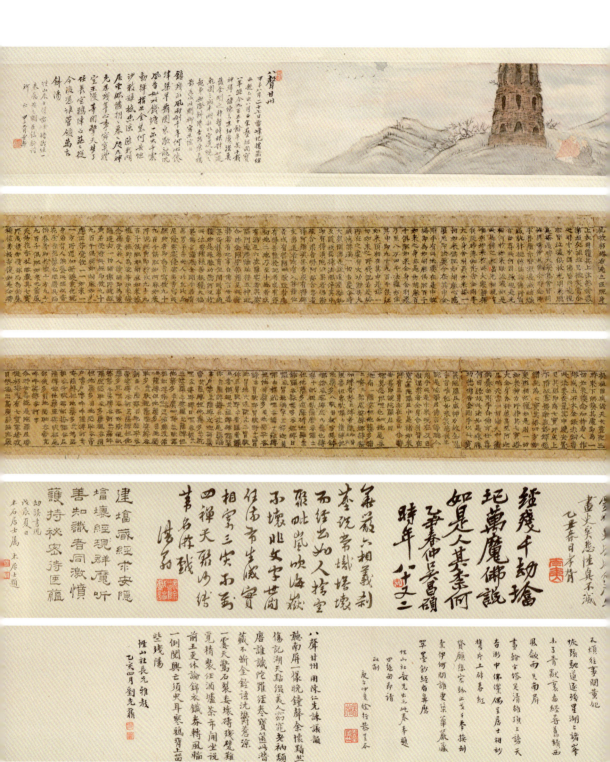

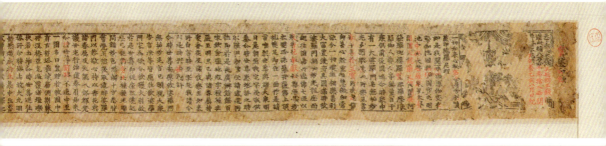

五代吴越国　乙亥岁（975）刻本《宝箧印陀罗尼经》　阮性山旧藏

自己所写的新词《八声甘州·补经图》抄录于经卷之后。

> 剔残砖秋雨逗苔斑，寒灰发经香。启素缣密裹，零僧剩佛，一字琳琅。试与辛勤补缀，化蝶半飞飏。百衲家风旧，功抵娲皇。
>
> 堪叹天人漏果，竟酬忠恩宴，轻送名王。有冬青遗恨，一例感兴亡。问世尊、真如解脱，甚当年、悲泪海潮凉。空输与，麻沙书客，持伴灯窗。

陈曾寿题词之后，次年（1925）的二三月间，清遗民书家及诗人郑孝胥和西泠印社首任社长，晚清民国时期著名的诗人、画家及书法、篆刻家吴昌硕先生也先后为阮性山此卷雷峰塔藏经题跋。

郑孝胥题曰：灵峰虽坏，塔经涌出。画史奚悲，性真不灭。

吴昌硕题曰：经残千劫，塔圮万魔。佛说如是，人其奈何。

几乎是在同一时间，隐居杭州的一代大儒马一浮先生也为此卷雷峰塔藏经题跋一则：

> 华严六相义，刹尘说常炽。塔坏而经出，如人舍空聚。毗岚吹海岳，不坏非文字。世间任流布，生灭实相寄。三灾不到四禅天，聚沙缚苇名游戏。

此后，从 1928 到 1935 年间，陆续又有画坛、文坛、政界名家如高野侯、钱锡宝、袁思永、徐行恭、刘光黼等人为阮性山收藏此卷雷峰塔藏经题跋，一时间，古刻佛经、诗词墨宝，交相辉映。

一座名胜的毁败、一卷古老佛经的出现，何以牵扯如此众多的文人之心？

第一章

塔圮经出，
四海鼎沸

1924年9月25日（阴历八月二十七日）下午，杭州西湖边矗立近千年的雷峰塔突然倾圮，这在当时立即引发了广泛的社会关注，成为时事热点。雷峰塔倒塌之后，人们在残垣断砖中发现了古塔中供奉的北宋吴越刻经《一切如来心秘密全身舍利宝箧印陀罗尼经》（图1），此为雷峰塔存续近千年的历史中未曾见于任何文字著录的北宋吴越刻经。沉寂千年的古佛经，以这样一种惨烈又神奇的形式现身了。

今人回望雷峰塔倒塌这一轰动事件，隔着历史的尘烟，留在舞台上的似乎唯有鲁迅进入教科书的杂文《论雷峰塔的倒掉》和被电视连续剧《新白娘子传奇》再度带火的青蛇、白蛇与许仙、法海的故事。但是，如果回到历史现场，就会发现，雷峰塔圮，尤其是藏经的出现，引发的巨大震荡超过想象。

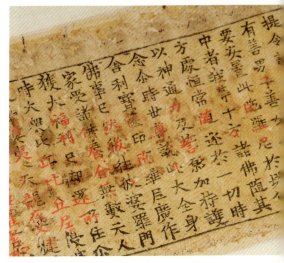

图1 北宋吴越刻经《一切如来心秘密全身舍利宝箧印陀罗尼经》 阮性山旧藏

1.1
重返历史现场：
目击者，亲历者，记录者

" 其崩圮时，我们从湖楼遥望，惟见黄埃直上，曾不片时而塔已颓然。 **"**

从民国时期众多亲历者所留下的见闻记录中，我们得以还原"塔圮经出"这一历史现场。

关于雷峰塔倾圮的具体时间，概有二说，其一为雷峰塔倒坍于下午2时。当年某小报刊有署名"渡云"写的《雷峰塔内的心经》一文，有云："维时笔者方执教杭垣肃仪巷，午饭后，只闻轰然一声，似地雷炸裂，顷之传言雷峰塔圮矣。"另一说为"下午1时40分左右"，俞平伯即持此说。

俞平伯与夫人许宝驯当时正住在西泠桥东的俞园（图2）。他们亲历了雷峰塔倒掉这一重大事件。雷峰塔倒后的第九天（即1924年10月4日），俞平伯在给顾颉刚的信中写道："在上月二十五日下午一时四十分，南屏下雷峰塔全圮。

图 2 从俞园望向雷峰塔

弟时适与寺僧弈，故未得见。事后舣舟往观，只见一抔黄壤而已。"[1]在民国知识分子中，俞平伯堪称对雷峰塔颓圮一事反应最快的几位之一。在这封信中，俞平伯记录道："塔圮后，发见的古物不外两种：（A）塔砖。……（B）塔经。此俱系陀罗尼经小卷，粗如拇指，长约一寸弱。全整者颇少，弟得见而力不能得。"随后，俞平伯对经卷做了简要而准确的描述："在经首有小字三行，其文如下：……经纸朽腐已极，触纸即落，甚不易揭视。弟得一残卷，尚未打开。"

在此信末尾，俞平伯允诺说："有暇拟作一文考之，亦今秋避兵湖上之一

---

[1] 俞平伯：《俞平伯致顾颉刚函：述雷峰塔圮后所见》，《北京大学日刊》，1924 年第 1541 期，中华民国十三年十月十三日，星期一第二版。

图 3　1924 年雷峰塔倒掉后游人杂沓，填溢于废基之上

段因缘也。"先生果不食言，于 1924 年底，写出《记西湖雷峰塔发见的塔砖与藏经》一文，对塔砖和藏经进行了当时能做的详细考证。

俞平伯此文以第一目击者视角生动记录了当日塔倒的情况："据云是日正午，塔顶已倾其一小部分，栖鸟悉飞散。当其崩圮时，我们从湖楼遥望，惟见黄埃直上，曾不片时而塔已颓然。因适逆风，故音响不甚大。……以战事之故，湖上裙屐久已寥若曙星。是日下午则新市场停泊着的划船悉数开往南屏方面去，俨然有万人空巷之观。我到时，已四时许，从樵径登山，纵目徘徊，惟见亿砖层累作峨峨黄垄而已。游人杂沓，填溢于废基之上，负砖归者甚多。"[1] （图 3）

[1]　俞平伯：《记西湖雷峰塔发见的塔砖与藏经》，《俞平伯全集·第二卷》，花山文艺出版社，1997 年，第 36 页。

时任杭县县长的陶在东在其笔记[1]中记录道："约二时许，亲闻此轰然巨声，南望南湖，烟尘陡起，初疑地震，又似地雷爆炸。……翌日，倾城士女往观，既而藏经发现，争椎碎砖以取之，或筐携舟载砖以去，乡民谓有镇塔之宝，结队钽掘，发生纷扰，甚至互殴流血。予呈请将砖运工程局保存，清理塔基，以工费无着，仅派员警栏守，偷砖者不能禁制也。"可见雷峰塔倒掉后，全城骚动，男男女女争相前往，目的在于所谓"镇塔之宝"，即使派驻警员也不能阻止人们成群结队挖宝的行为，以致曾任定海知事的陶在东感到十分疲惫："为此一塔，劳碌浃辰，俗吏之俗，自叹自笑。"

俞平伯和陶在东笔下的"塔经""藏经"究竟为什么使得"万人空巷""游人杂沓"，导致"争椎碎砖""结队钽掘"场面出现，甚至引发"互殴流血"？这是由塔圮后所出之"经"的特殊性决定的。

雷峰塔的藏经方式极为独特，堪称为雷峰塔所独有。建塔供奉佛经的藏经砖并非普通砖，而是特制的，砖的一端有孔，孔洞深入砖身但并不贯通，深度为 10 厘米，部分砖孔内塞有《宝箧印陀罗尼经》一卷，经卷用黄绫包裹，孔洞口则用黄泥护封(图 4、5)。正如俞平伯先生所记："以千年来风雨霜露所侵蚀故，残经多而全经少。出土之全经，粗如拇指，长约二寸。外有半腐朽之黄绢套，两头作结，而首端之结尤巨而结实。腰系以蓝色扁绶。眉端署'宝箧印经'四字。经卷如小横披。开首有一细竹条。卷心之轴亦以竹制，粗如小椒粒，长二寸强，两端涂丹。此项全经得之非易，自为佳品。"[2]

钱塘地区气候潮湿，气温通常在 1℃—34℃ 之间变化，年平均相对湿度为

〔1〕　陶在东：《雷峰塔倒笔记》，《宇宙风：乙刊》1940 年第 22 期，第 201 页。

〔2〕　俞平伯：《记西湖雷峰塔发见的塔砖与藏经》，《俞平伯全集·第二卷》，花山文艺出版社，1997年，第 40 页。

图 4　2000 年浙江杭州雷峰塔出土雷峰塔藏经砖
浙江省博物馆藏

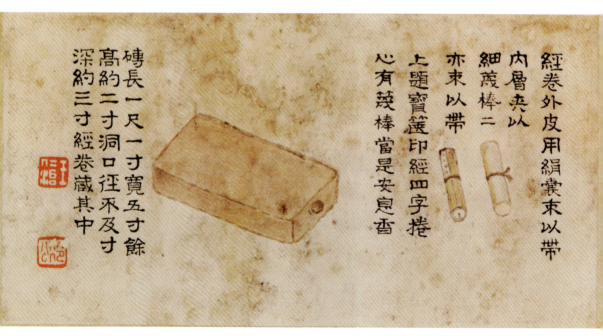

图 5　雷峰塔独特的藏经方式　王仁治题绘

76%—81%。纸质经卷虽封在藏经砖中，但经过千年岁月流转，绝大多数藏经已霉变，加之古塔坍塌，藏经砖碎裂，所发现的经卷多是残经碎片。上海美术专科学校教授姜丹书同时任职于位于杭州的浙江省立第一师范学校，他对"塔之末劫"也有"亲观"记录："塔倒之日，此经发见，初为牧竖走卒所拾得者，咸以其古朽之状，有如雪茄烟卷，或如经过二三度夏季之小红蜡烛，霉气扑鼻，应手成灰，莫明何物，辄弃之；旋为识者所得，知为珍品，乃出铜圆数枚，或小银币一二枚，收买之；及第二日为新闻纸所宣传，购者渐多，索价亦渐增，顾已有警队保护，不能大肆掘发；至三四日，所得渐稀，索价愈昂，虽残破者，亦须数金，较完好者，可二三十金；然在当时，富而好古者，大都避难沪滨，中产之人，往往以大难临头，现金缺少，虽有好者，亦唯空羡而已。及乱事敉平，搜求者众，一卷竟值一二百金而不可必得。"[1]藏经的价格一路攀升，从"铜圆数枚""小银币一二枚"飙升到"二三十金"，甚至"一二百金"，无怪乎众人争得头破血流。

章太炎先生也曾在一卷残经上做题记描述此事："钱氏作塔藏经凡千百计，皆隐著砖孔中，甲子塔塌，为山民所得，初以三百钱市易，少顷至白金五百两，此其残卷也。"（图6）

考之当时民国文献记录可知，由于雷峰塔藏经完好者极为稀少，即使价格奇昂，依然是一卷难求。胡长风记录道："塔圮次日，即有军警看守，并以塔砖筑围墙护之，至第三日筑就，禁人入内取携，仅能于墙外徘徊瞻眺而已。闻守警多有拾得者，伯猷曾以六金向守者购得二卷，虽不完整，尚佳。""某日雷峰塔归舟，闻人言，塔圮日有拾得整卷者向某求售，索价甚微，某适雀战正酣，以为是奚足贵，叱之去。三日后闻人言经足宝，急出十金购归。"[2]如此戏剧

〔1〕　姜丹书：《雷峰塔始末记》，《越风》1937年增刊1，第34页。
〔2〕　胡长风：《雷峰塔砖及藏经琐记》，《越风》1937年增刊1，第77页。

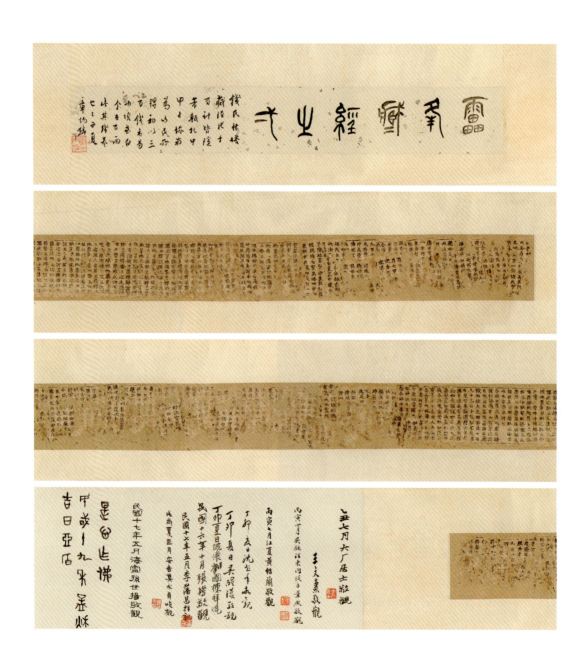

图6 章太炎题跋雷峰塔残经

性的情节在雷峰塔藏经面世之际一再上演。

一方面，在民间，由于雷峰塔圮而意外出现的《宝箧印陀罗尼经》成为价格飞涨、一卷难求的珍品，无怪乎塔倒后"倾城士女往观"，即使有警员栏守，也无法阻止偷盗、抢夺行径。另一方面，在知识界，经卷出世引发的震动因与政治时局、文化传统、考古收藏之间发生了多重缠络，把雷峰塔圮引起的激荡称之为"四海鼎沸"亦不为过。

1.2
谶纬式的塔圮事件：
江浙战争与甲子兵变

> **在雷峰塔倾倒之前的一个月里，浙江、江苏乃至整个中国正处在战争的阴影之中。**

雷峰塔倒塌事件正发生在江浙战争行将结束之际。巧合的是，塔倒时分正值此战赢家孙传芳入杭之刻，这不免引发人们谶纬式的联想。

在雷峰塔倾倒之前的一个月里，浙江、江苏乃至整个中国正处在战争的阴

图 7　卢永祥　　　　　　图 8　孙传芳

影之中。1924 年 9 月，盘踞浙江的皖系军阀卢永祥（图 7）与盘踞江苏的直系军阀齐燮元，为争夺上海，发生战争。由于势均力敌，双方军队在黄渡、浏河一带相持不下。盘踞在福建的直系军阀孙传芳（图 8）率兵由仙霞岭入浙，浙江警务处长夏超起为内应，卢永祥两面受敌，被迫下台。

当时孙传芳派兵抄袭浙南，九月中旬，孙部进军温州，9 月 25 日，孙传芳师船抵达钱塘江干，进入杭州。恰在这天下午，西湖边矗立千年的雷峰塔倒掉了。

陶在东记录了孙传芳部队入杭的场面："九月廿五日，（孙传芳）师船抵钱塘江干，舳舻相接，陆路步骑夹道，欢迎人士，杂出其间，乃浙江著名之雷峰塔，即于是时倒塌，轰然一声，一似与江干军乐相应和者，可谓煞风景，说者以为不

图 9 张作霖　　　　　　　　　　　图 10 冯玉祥

祥。"孙传芳为了破解"不祥"的传闻，还在与雷峰塔遥遥相望的保俶塔脚边，修建关岳庙昭忠祠，以期用"武圣"之威来镇风水，抚民心。

江浙战争的爆发实为第二次直奉战争的开始。1924 年 9 月，奉系军阀张作霖（图9）为援救皖系，派兵入关。10 月 23 日，直系冯玉祥（图10）秘密班师回京，倒戈直系并自立为国民军，发动"甲子兵变"。冯玉祥率部攻入北京，包围总统府，劫持直系大总统曹锟并将其囚禁在团城，与胡景翼、孙岳等人将所部改称"国民军"，并联合奉系，推举段祺瑞为"中华民国临时执政府总执政"。直系控制的北京政府被逼下令停战并解除吴佩孚的职务，同属直系的孙传芳则早与冯玉祥秘密达成协议，选择作壁上观，任其政变。直奉战争最终以直系军阀的失败而告终。

孙传芳在 1922 年的第一次直奉战争后成为直系成员，1923 年率军赴福建省，任福建军务督理。第二次直奉战争的前哨战江浙战争打响时，孙传芳支援直系的江苏督军齐燮元，击败皖系的浙江督军卢永祥。可想而知，孙传芳系福建军阀，以胜利者之姿接手浙江，进入杭州，本已令浙人不快，加之江浙战争是民国以来首次爆发于经济最发达的江南地区之大战，战争之惨烈程度较此前军阀战争为剧，黄炎培等人巡行战区后写成报告书："无辜良民，死于战时之炮火，已属可怜，困于战后之焚掠，尤为奇惨。"

"雷峰塔倒掉"似乎与孙传芳入杭有某种谶纬式的关联，但孙部入杭是江浙战争的尾声，却不是与雷峰塔文学相关历史的终点，相反，它只是一个起点。如前所述，江浙战争是牵涉面更广的第二次直奉战争的一个阶段。1924 年 9 月中旬孙传芳"自闽袭浙""兵不血刃而下两浙"之时，关外的张作霖亦率奉军南下，与直军激战于山海关。10 月 11 日，直系巨头吴佩孚亲至山海关督战，意图牵制敌方主力，以冯玉祥部出击奉军侧后。殊料冯玉祥反戈一击，发动"甲子兵变"，直系一败涂地。11 月 4 日，政变之后新组的黄郛摄政内阁修改《清室优待条件》，要求清室"即日移出宫禁，以后得自由选择住居"。于是，第二次直奉战争便在诸方博弈下，于 11 月 24 日以段祺瑞出任临时执政和冯玉祥下野告终。

无论江浙战争还是第二次直奉战争，其政治与历史意义暂且不论，仅就战争过程和结果对当时知识分子的精神影响而言，即有两重刺激。一是战争过程中的两次背叛：冯玉祥的倒戈，开了军阀派系内部大将背叛之先河；黄郛内阁驱逐溥仪出宫，撕毁了民国优待清室的前约。两次背叛大大冲击了传统道德中的"忠信"观念，刺激了士人对于人心与世道的深切反思。战争结果意味着北洋军阀以"中央集权""武力统一"方针的失败，北洋政府出现了"王纲解纽"的情况，整个民国彻底进入乱局。名记者胡政之曾说："假令无革新之诚意，徒为权势之竞争，则今后之事，可预卜以知。盖依然将争地盘，增兵队……然后再剥削国库，再武装竞争，再爆裂，再作战，然后再倒戈内讧，再兴衰易势。"政局的动荡促成了"雷峰塔文学"。

1.3
知识精英的雷峰塔书写：
"何若恒沙数，难抵悲凉"

> 66 雷峰塔的神魂像龙一样飞走，闲却了半湖秋水，他面对残留的塔痕，眼前只剩下无边的斜阳和一片鸦影归飞。 99

恰在此历史背景下，1920 年代涌现出一大批"雷峰塔文学"。其中鲁迅的《论雷峰塔的倒掉》《再论雷峰塔的倒掉》最为今人熟悉，这固然是由于鲁迅在中国现代文学史上身份的特殊性决定的，但遗憾的是，其他"雷峰塔文学"反而逐渐淹没于鲁迅的光芒之下。事实上，塔倒伊始，旧体文学便开始了雷峰塔书写，他们的关注焦点，与其说是"塔圮"——雷峰塔的倒掉，不如说在"经出"——千年经卷的出土。

图 11　民国老照片——西湖全景

　　这批文人中重要的一位是避居西湖的晚清诗坛名家陈曾寿[1]，他与陈三立、陈衍齐名，号称"海内三陈"。雷峰塔颓圮后不久，陈曾寿即与友人胡憼仲唱和，赋新词《八声甘州·镇残山风雨耐千年》。

　　序：甲子八月二十七日，雷峰塔圮。据塔中所藏《陀罗尼宝箧印经》，造时为乙亥八月，正宋艺祖开宝八年，距今九百五十余年矣。千载神归，一条练去。末劫魔深，莫护金刚之杵；暂时眼对，如游乾闼之城。半湖秋水，空遗蜕之龙身；无际斜阳，杳残痕于鸦影。爰同憼仲同年共赋此阙，聊写愁哀云尔。

　　镇残山风雨耐千年，何心倦津梁。早霸图衰歇，龙沉凤杳，如此钱唐。一尔大千震动，弹指失金装。何若恒沙数，难抵悲凉。

　　慰我湖居望眼，尽朝朝暮暮，咫尺神光。忍残年心事，寂寞礼空王。

---

〔1〕　陈曾寿（1878—1949），字仁先，自号苍虬（又作沧虬），别号耐寂、复志、焦庵等。室名陈庄、苍虬阁、旧月簃、石如意斋等。湖北蕲水（今浠水）人。清朝政治人物、诗人、书画家。

漫等闲、擎天梦了，任长空、鸦阵占茫茫。从今后、凭谁管领，万古斜阳。

　　陈曾寿在《小序》部分用与俞平伯、陶在东、姜书丹等人不同的角度记录了雷峰塔圮给他造成的心理震荡。陈曾寿曾在西湖边久住，推窗可见雷峰塔，西天的残照每从雷峰塔背后沉没下去。但是"甲子八月二十七日（1924 年 9 月25 日），雷峰塔圮"，据塔中所藏《宝箧印陀罗尼经》，可知造塔的时间是乙亥八月，那正是宋艺祖（即宋太祖）开国的开宝八年（975）。陈曾寿感慨从建塔到塔圮，已有 950 多年之久了。千年古塔的精神似乎化成一条匹练消失了，当时中国军阀混战，土匪蜂起，陈曾寿认为这近乎国家的末劫、人类的末劫，在此危难时代，无人保护佛教的"金刚之杵"，雷峰塔因此倒在末劫的灾难之世。本来他面对雷峰塔，如同在佛教世界中神游，但既然雷峰塔的神魂像龙一样飞走，闲却了半湖秋水，他面对残留的塔痕，眼前只剩下无边的斜阳和一片鸦影归飞。（图 11）"愔仲"指胡嗣瑗，和陈曾寿是同年进士，彼此能够共鸣，这首词就是

图 12　阮性山旧藏乙亥岁（975）刻本《宝箧印陀罗尼经》上的胡嗣瑗题名和陈曾寿《雷峰塔图》

用来"聊写愁哀"的。

　　陈曾寿早年曾师从梁鼎芬，中进士后曾任刑部主事，做过张之洞的幕客。因 1925 年赴天津追随溥仪，兼为婉容的老师，此类"政治污点"使他长期以来未能得到应有的关注。若不因人废言，陈曾寿可谓近代重大历史事件的亲历者，

出处进退之间感慨颇深，为人为文在当时也具有代表性。这首《八声甘州》上阕写塔写景，下阕写人写情，萧瑟苍凉，沉哀入骨，为诗坛各家所推崇。

1924 年 10 月，陈曾寿为西泠印社社员阮性山收藏的一卷雷峰塔经描绘了一幅《雷峰塔图》（图 12），并将这首《八声甘州·镇残山风雨耐千年》抄录于后，并由胡惗仲[1]为此卷题端。绘图题词一个月之后，十一月间，陈曾寿又用朱笔将经卷残损的字迹补足，并题识记录（图 13）。之后，他将自己所写的新词《八声甘州·补经图》抄录于经卷之后（图 14）。

> 黄妃塔中，藏经凡八万四千卷，多成灰末。予收得稍完者数卷，以他卷残字补之，自作《补经图》。
> 剔残砖秋雨逗苔斑，寒灰发经香。启素缣密裹，零僧剩佛，一字琳琅。试与辛勤补缀，化蝶半飞扬。百衲家风旧，功抵娲皇。

---

[1] 胡嗣瑗（1869—1949），字晴初，别字琴初，又字惗仲，别号自玉，贵州贵阳人。光绪二十九年（1903）进士。精通史学，擅长诗词、书法。晚清民国政治人物，诗人，书法家。

家受諸優養合無數天人
獲大福利已却還所住介
咋大眾比丘比丘尼侵婆
塞優婆夷天龍夜叉揵闥
婆阿修羅迦樓羅緊那羅
摩睺羅迦人非人等皆大
歡喜信受奉行
寶篋印陀羅尼經

甲子冬十月陳曾壽敬補

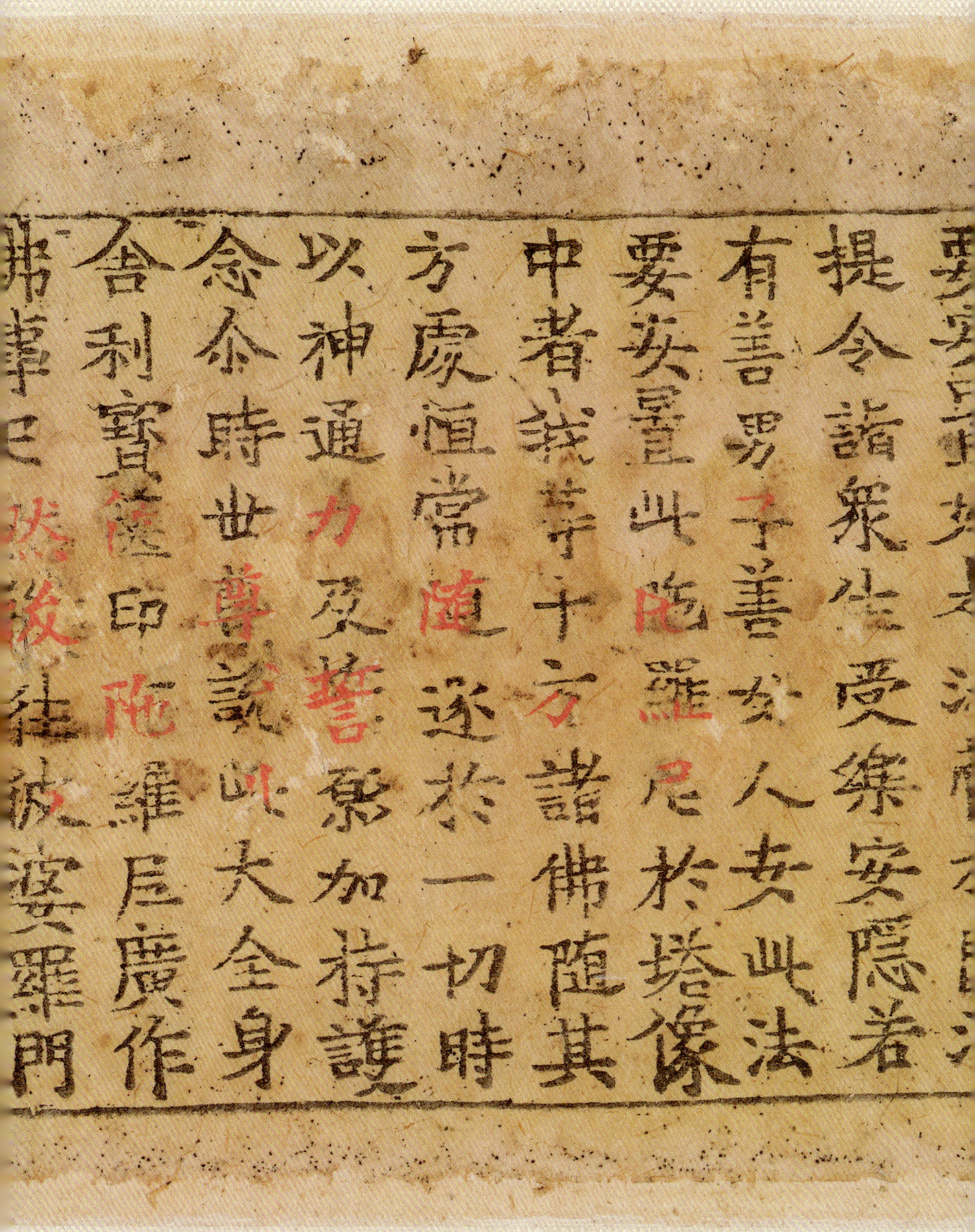

提令諸眾生受集安隱者
有善男子善女人安此法
要女量此陀羅尼於塔像
中者我於十方諸佛隨其
方廣恒常隨逐於一切時
以神通力及菩薩加持護
念介時世尊說此大全身
舍利寶篋印陀羅尼廣作
佛韋曰然後往彼娑羅門

图13　陈簋寿朱笔补阮性山旧藏乙亥岁（975）刻本《宝箧印陀罗尼经》

鎮殘山風雨耐千年何必倦
津梁早霸國京歇龍沈
風香如此錢塘一西六千雲
勦彈指失金甲何茫恒
沙教難抵此涼回我湘
居塵邢儔朝、暮、盡尽神
夷思殘年心事窈窕禮
空王漫率聞擎天梦了
任長空鵰陣占莊二後
今後憑誰管領萬古
斜陽

壬山庐士得雷峰塔藏經一卷屬為之圖並錄新詞
祈正
甲子九月曾壽 [印]

焚銘香啟素鐘盒裏零、
僧到佛一字琳瑯誠典
辛勤補綴化蝶羊飛錫
百衲家風舊功抵嫣皇
堪歎天人漏果亮酬忠
恩宴輕送名王有冬青
遺恨一例感興三問世尊
真如解脱甚當年思涙
海潮凉室輔與麻沙書
客持伴鈴窻
補經圈詞寫似
壮山居士拍正 陳曾壽 [印]

八聲甘州

甲子八月二十七日雷峰坨援藏经
而題乙亥八月正宋藝祖開寶
八年距今九百五十餘年矣千載
神歸一條線去击劫魔深莫
謨金剛之杵聲時眼對此遊
乾闥...

图14　阮性山旧藏乙亥岁（975）刻本《宝箧印陀罗尼经》上的陈曾寿录词《八声甘州·镇残山风雨耐千年》

八聲甘州

剔殘傳狄雨更苔廷寒...

寶箧印陀羅尼經
甲子冬十月陳曾壽款補

图15　阮性山旧藏乙亥岁（975）刻本《宝箧印陀罗尼经》上的陈曾寿录词《八声甘州·补经图》

堪叹人天漏果，竟酬忠恩宴，轻送名王。有冬青遗恨，一例感兴亡。
问世尊、真如解脱，甚当年、悲泪海潮凉。空输与、麻沙书客，持伴灯窗。

20 世纪 20 至 30 年代的杭州，名家云集，在阮性山收藏的这卷雷峰塔
经卷上，我们还可以看到 1925 年的二三月间，郑孝胥和吴昌硕的两首题词
（图 16）。

郑孝胥题曰：灵峰虽坏，塔经涌出。画史奚悲，性真不灭。

吴昌硕题曰：经残千劫，塔圮万魔。佛说如是，人其奈何。

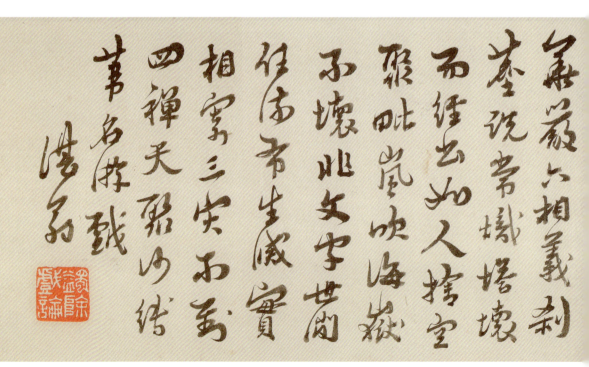

郑孝胥（1860—1938），字苏龛（亦作苏堪、苏勘），号太夷，又号海藏，晚年号夜起庵主，福建闽县人。他工诗善书，是同光体诗派代表人物，有"海藏诗派满江湖"之誉，著有《海藏楼诗集》。

吴昌硕（1844—1927），初名俊，又名俊卿，字昌硕，浙江省孝丰县鄣吴村（今湖州市安吉县）人。西泠印社首任社长，"海派"最杰出的艺术大师。吴昌硕集"诗、书、画、印"四绝于一身，在中国近现代书画史上占据着重要的一章。

几乎是在同时，隐居杭州、佛学造诣精湛的马一浮先生也题跋一则

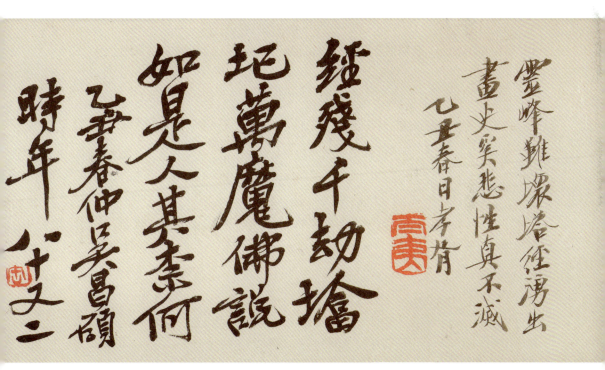

图16　阮性山旧藏乙亥岁（975）刻本《宝箧印陀罗尼经》上的郑孝胥、吴昌硕、马一浮题诗词

（图16）：

　　华严六相义，刹尘说常炽。塔坏而经出，如人舍空聚。毗岚吹海岳，不坏非文字。世间任流布，生灭实相寄。三灾不到四禅天，聚沙缚苇名游戏。

　　马一浮先生为新儒学大宗，字一浮（又称一佛），号湛翁，其义取于《楞严经》中"如湛巨海，流一浮沤，起灭无从"，由此得"一浮"与"湛"之字号。晚年自号蠲斋老人、蠲叟，其义取于《法华经》中"蠲除诸法戏论"。马一浮先生佛学造诣精湛，作诗好用佛典，时人称其"积学所致，摇笔即来，浑灏万状、博大精深"。

　　在马一浮之后，还有杭州书画家高野侯、吴越钱氏三十一世孙钱锡宝、民国政治人物袁思永、杭州地方文化名流徐行恭、刘光鼐等人为此卷题跋数则。

　　高野侯[1]题诗（图17）：

　　建塔藏经求安隐，塔坏经现群魔听。善知识者同激愤，护持秘密待医蕴。

　　钱锡宝[2]题诗（图18）：

　　千年胜迹纪家王，八万名经砖眼藏。崇塔岿然竟倾圮，真教人世见沧桑。太邱为补经文缺，完璧珍藏木石居。岁晚归来饶眼福，晴窗庄诵乐何如。

---

〔1〕　高野侯（1878—1952），名高时显，字欣木，号野侯，又号可庵。浙江杭县人。为高时丰弟，时敬、时衮、时敷（络园）之兄，兄弟数人，并以书画名重一时，一门风雅。

〔2〕　钱锡宝，生卒年不详，浙江杭州人。字权楚，吴越钱氏三十一世孙。清末民初政治人物。另著有《梼杌萃编》（一名《宦海钟》）十二编二十四回，《中国通俗小说书目》传于世。

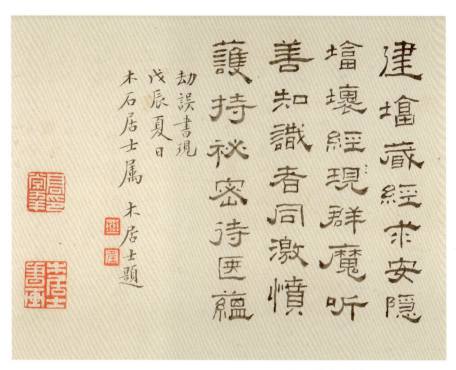

图 17　阮性山收藏的雷峰塔经上的高野侯题诗

袁思永[1]题诗（图18）：

绝顶巍峨佛髻青，惊雷蓦地撼南屏。茫茫九百年来事，一片残砖一卷经。

宋刻流传此最嘉，坊间板本笑麻沙。当年尚自王吴越，未肯河山属赵家。

石烂山枯宝箧开，西关风急晚钟哀。斜阳满地无人管，坐看孙家兵马来。

---

[1]　袁思永（1880—？），字无咎，湖南湘潭人，两广总督袁树勋子。清末民国政治人物。

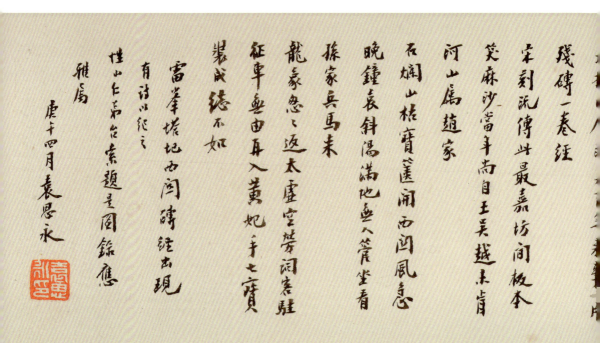

图 18　阮性山收藏的雷峰塔经上的钱锡宝、袁思永题诗

　　龙象匆匆返太虚，空劳词客驻征车。无由再入黄妃手，七宝装成总不如。

　　徐行恭[1]题诗（图 19）：

　　疏钟一杵淡斜晖，龙象无心突世围。乐与摩挲珍败楮，不烦往事问黄妃。

[1]　徐行恭（1893—1988），字颢若，号曙岑、竹间居士、玄叟。民国杭州文人、诗人，晚年任浙江省文史研究馆特约馆员。

千年勝蹟紀家王六萬
名經磚眼藏崇塔巔
然竟傾圮真教人世
見滄桑　太邱為補
經文缺完暨珍藏木
石居歲晚歸未饒眼
禱晴窗難誦樂何如
未石居士縶政
戊辰仲冬吳越三十一
世孫錫寶敬題

　　恢张驰道逐残星，湖上诸峰未了青。独裹图经寻旧迹，西风吹雨失南屏。

　　画看半塔足清雄，顶上诸天杳渺中。佛觉偶呈居士相，妙携片土辟春红。

　　发愿悲宏盼止戈，千年换劫奈伊何。问谁更筑华严藏，翠墨钞经盾鼻磨。

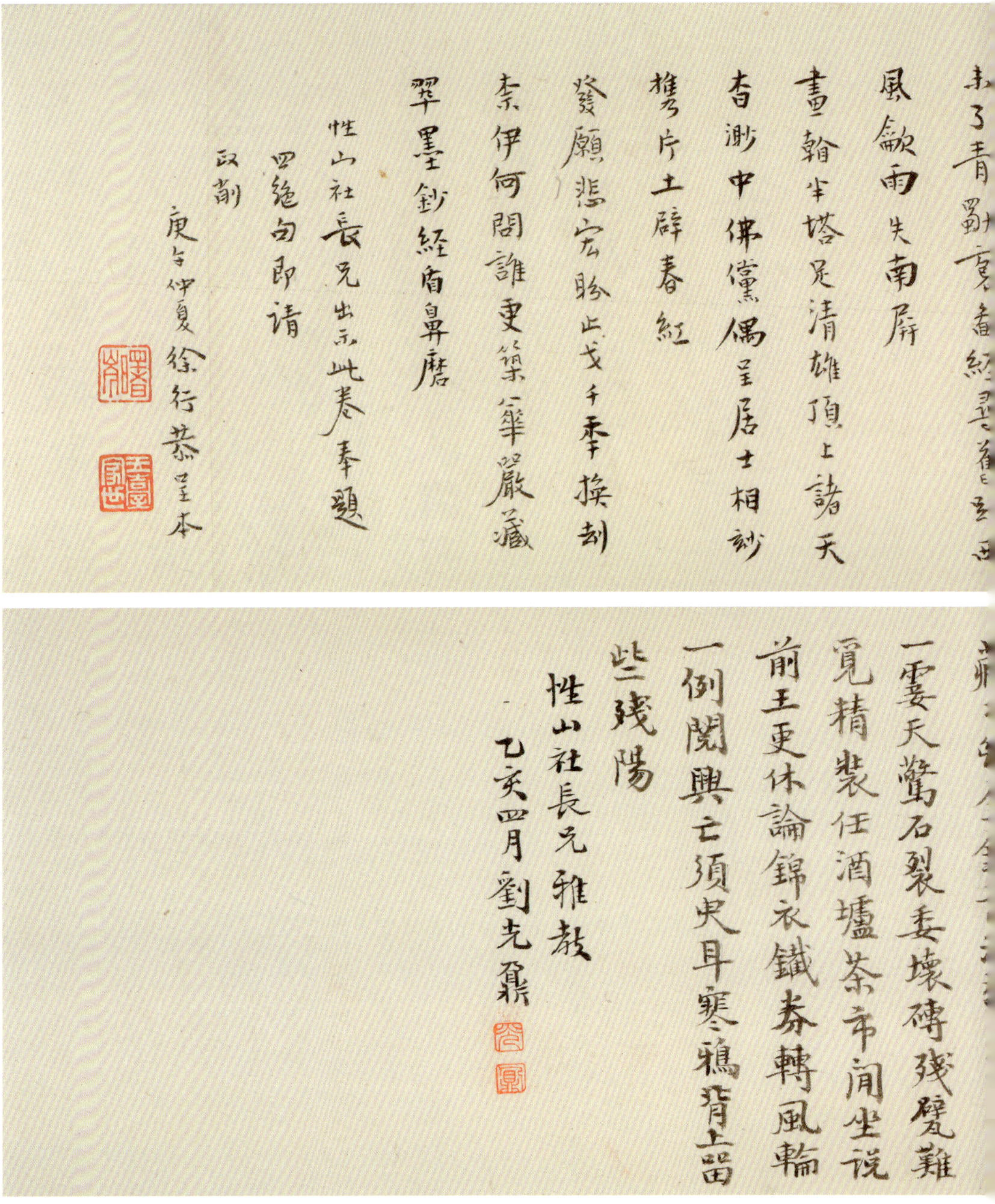

图 19　阮性山收藏的雷峰塔经上的徐行恭、刘光黼题诗词

刘光鼐[1]题词《八声甘州》（图 19）：

听南屏一样晚钟声，余怀黯然
伤。记湖天点缀，美人窈窕，老衲
颓唐。谁识陀罗经卷，宝箧此潜藏。
不断金铃语，沉郁苍凉。

一霎天惊石裂，委坏砖残甓，
难觅精装。任酒垆茶市，闲坐说前
王。更休论，锦衣铁券。转风轮，
一例阅兴亡。须臾耳，寒鸦背上，
留些残阳。

从陈曾寿咏雷峰塔的两首词《八声甘
州·镇残山风雨耐千年》和《八声甘州·补
经图》，以及其他人的题诗题词中，我们可
以看出以清遗民自居的传统文人心中无限
的凄凉与无助。雷峰塔倒掉之后，以陈曾

[1] 刘光鼐（1881—？），字仲彝、仲夷，号瘦叟，
宝陶簃主、宝匋宦等。清末民初扬州籍文人，诗人。与朱积诚、
潘然、尤无曲、马一浮等友善。

寿为代表的一批服膺于传统文化的知识分子纷纷通过题咏雷峰塔来托寓自己对
于中国文化风雨飘零之悲叹，这在当时已经成为一种颇为普遍的文化现象。在山
河飘零，时局不明的大动荡之中，雷峰塔的倒掉引起人们诸多记忆联想，千年前
造塔者吴越末王钱俶纳土归宋的历史和末代皇帝溥仪迁出紫禁城的现实相映照，
在当时传统文人心中引起的震动巨大而复杂。自民国建立以来，社会之动荡不安
与"五代十国"有相似处，无论清朝遗民还是新式知识分子，都抱有对振兴统一
的渴望。文人对时局的不满情绪，随着雷峰塔在军阀混战中轰然倒塌达到高点，
他们普遍怀念钱俶归宋后的和平。

1.4
古刻佛经与家王故事：
"赞叹之，痛惜之"

66 作为'西湖十景'的雷峰塔，很早便
成为西湖乃至杭州的地标。 99

　　雷峰塔倒塌之后在藏经砖内发现的《一切如来心秘密全身舍利宝箧印陀罗
尼经》，因为其独特的装藏形式而被人们普遍称之为雷峰塔藏经。《宝箧印陀罗
尼经》中所讲述的内容，仿佛是雷峰塔倒塌后的真实写照，把《宝箧印陀罗尼经》

图 20 （传）宋 李嵩《西湖清趣图》中的雷峰塔

图 21 　《西湖图》中的雷峰夕照　国家图书馆藏

安置在雷峰塔中，更让人觉得是一种神奇的预兆。伴随雷峰塔的倾圮，塔砖中的藏经横空出世，古刻佛经与这份佛经背后独特的家王故事遂成为收藏家关注的焦点。

"问家王故事，陈迹亦寥寥"是吴士鉴[1]在雷峰塔倒塌之后所作的咏雷峰塔之句。千年前宏伟壮丽的雷峰塔为吴越末王钱俶所建，佛塔建成之时，也是钱俶"纳土归宋"之年。而佛塔本身在佛教信仰上是释迦牟尼涅槃的象征，具有法身永驻、帝王威仪、国家统一、藏宝纳珍等多重意义。雷峰塔的建造者、建成年代与宗教功能多方因素使人们认为它牵系两浙文脉气运，成为吴越国君主重民轻土观念与两浙和平富庶的象征。同时，作为"西湖十景"的雷峰塔，很早便成为西湖乃至杭州的地标。宋元明清四朝"西湖十景"艺术不断产生，进一步加深了这一景观文化传统。"西湖十景"之一的"雷峰夕照"属于典型的"八景叙事"现象，充满政治文化与地缘关系的权力话语。康熙、乾隆两帝面对雷峰塔题额赋诗，立碑建亭，更以皇权进一步将雷峰塔固定在"西湖十景"的景观叙事中。（图20—23）事实上，雷峰塔书写主流便是题咏钱王旧事与西湖胜景，这种情况直到1924年塔倒之前仍未发生改变。

---

〔1〕　吴士鉴（1868—1934），字䌹斋，号式溪。浙江钱塘（今杭州）人，祖籍安徽休宁。光绪十八年一甲二名进士，授翰林院编修，历任江西学政、翰林院侍讲等。著有《含嘉室诗文集》《文存》等，词有《式溪集》。

图 22 南宋 叶肖岩《西湖十景·雷锋夕照》 台北故宫博物院藏

　　因雷峰塔倒而出土的《宝箧印陀罗尼经》与吴越国的佛教文化更是息息相关。于史无载的北宋钱俶刻本《宝箧印陀罗尼经》的横空出现，引发了世人的思绪和联想。很多人热衷以百金、千金搜求千年佛经，以寻觅佛祖庇佑，他们认为此经能免除一切灾难，寿命长远，得无量功德，故善男信女需求者甚众。据当时人之回忆，经卷散出后，完整者极少，故为了满足没有得到此经的需求者，杭州的刻字印刷铺及书贾甚至照原刻本翻刻（图24）。

图 23　明　宋懋晋《西湖胜迹图·雷峰塔》　天津博物馆藏

　　《宝箧印陀罗尼经》引起了很多文人、学者的注意，有些人开始了对于钱俶以及雷峰塔和雷峰塔经历史的研究和追溯。胡适 1959 年 8 月在致李书华的信中，谈到雷峰塔藏经事，信云："关于中国佛教塔藏的陀罗尼经卷印本，最易得者为杭州雷峰塔的钱俶刻的宝箧印陀罗尼八万四千卷。我曾为《纽约时报》（New York Times）的印刷史博物馆购得一份，我又赠送下华府友人 DR.Stanley K.Hornbeck 一份。当 1924 年雷峰塔全塌下时，这种卷子出现了无数，一元

養尒時世尊默然許之時
婆羅門知巳受請邊還所
往即於是夜廣辦餚饍百
味飲食張施殿宇種種莊
嚴至明旦巳與諸眷屬持
眾香花及諸伎樂至如來
所白言時至眾赴我請今
是時歸垂聽許
尒時世尊安慰彼婆羅門
無垢妙光言巳顧視大眾
告言汝等皆應往彼婆羅
門家為欲令彼獲大利故
於是世尊即從座起繞起
應巳從佛身出種種光明
間錯妙色照觸十方悉皆
警覺主然後取道時婆羅
門以恭敬心持以香花與
諸眷屬及天龍八部釋梵
護世光行治道奉引如來
尒時世尊前路不遠中至

私鎮定却住一面作是請
言唯願世尊與諸大眾明
日晨朝至我宅宇受我供
養尒時世尊默然許之時
婆羅門知佛受請邊還所
往即於是夜廣辦餚饍百
欽食張施殿宇種種莊
嚴至明旦巳與諸伎莊
眾香花及諸伎樂至如來
所白言時至眾赴我請今
工是尊影垂聽許
尒時世尊安慰彼婆羅門
無垢妙光言巳顧視大眾
告言汝等皆應往彼婆羅
門家為欲令彼獲火利故
於是世尊即從座起繞起
座巳從佛身出種種光明
聞錯妙色照觸十方悉皆

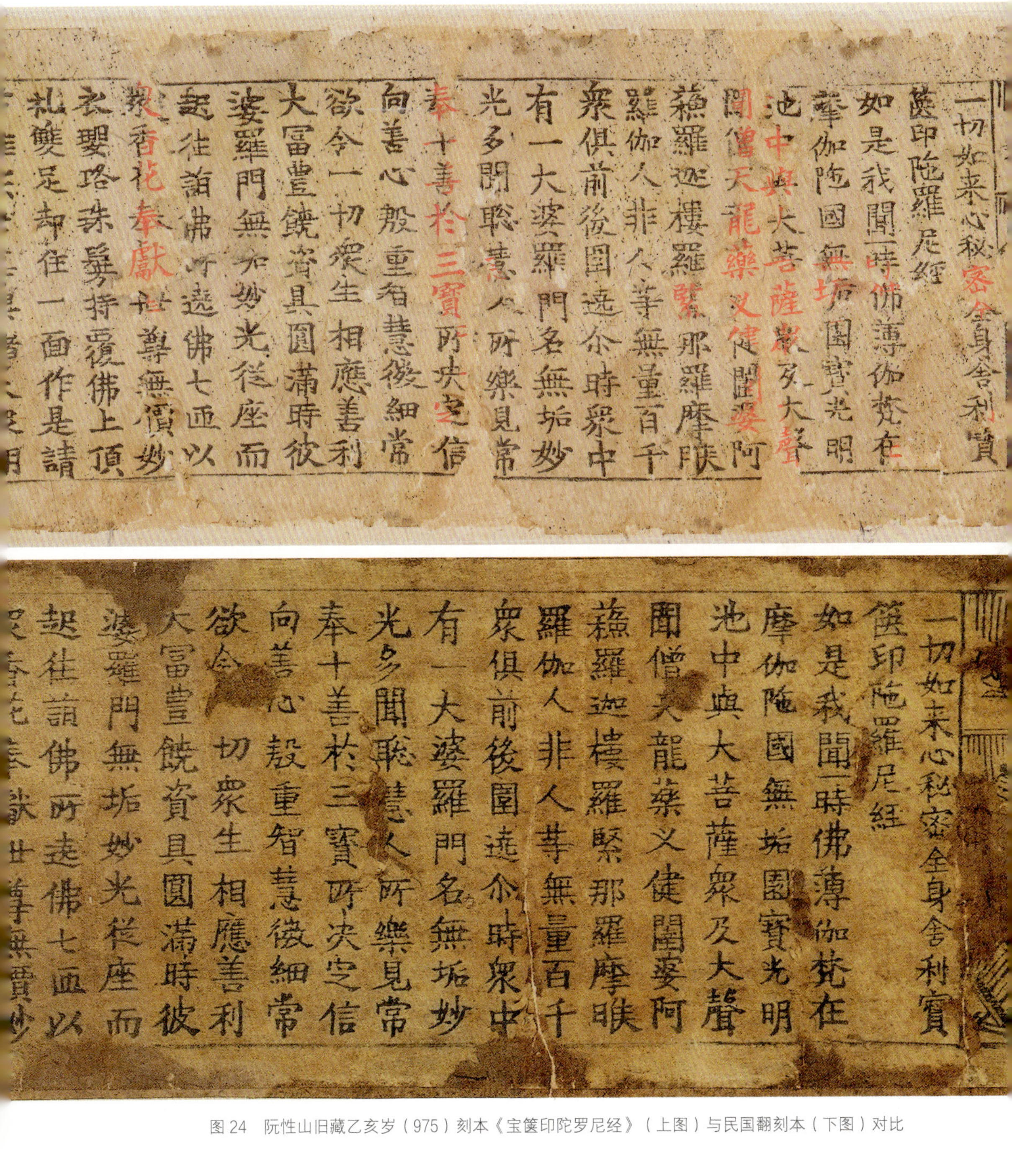

图24 阮性山旧藏乙亥岁（975）刻本《宝箧印陀罗尼经》（上图）与民国翻刻本（下图）对比

钱可买几十卷，后来就贵到百元一卷了。"[1]

　　另一位学者俞平伯则几乎在第一时间写下《记西湖雷峰塔发见的塔砖与藏经》一文，堪称当时最早系统研究雷峰塔砖与雷峰塔经之人。他在文中谈到："国内除敦煌所发见的唐写经外，恐怕要推此次发见为巨擘了。"作为清代朴学大师俞樾的曾孙，俞平伯自幼浸润于古典文化，同时又在新文化运动中成为北京大学新潮社的中坚力量，他对雷峰塔藏经价值的判断毫无疑问是准确的[2]：

　　　　此项经卷较视唐写经亦另有可珍之处。第一，敦煌石室藏经大都无写者姓名。即使有（京师图书馆有一卷）也不著名，少历史上的意味。此则明题钱俶，为吴越之末王。年署乙亥，可证俶之未建元；亦不署开宝八年（宋太祖年号），可见未纳土时之用心。第二，敦煌僻阻西北边陲，无闻艺林。此塔则为湖山胜迹，江南士夫及妇孺无不知有雷峰者，且在明圣湖边，千年卓锡，今一旦失之，而我辈且躬逢之，能无憾惜！就个人趣味论，觉得于此格外亲昵些。第三，唐写经虽较古，此经则为北宋初年刻，约略计之距中国印刷术之发明殆不及百年；其价值殊不相上下。宋刻本书籍久已寥如星凤（图25、26），何况在宋开国时，更何况寄托于湖山名迹中的呢。且唐写经现存者为数较多。此经名为八万四千卷，现就杭州约略观测，出土的殆不过千卷，且包含近整的残品在内，真所谓存什一于千百矣。

　　在雷峰塔倒塌的三年之后，他再次感慨"千年古塔于其圮后，尚未见有详确之考订，甚可惜也"，于是又撰写《雷峰塔考略》一文，对雷峰塔的历史进行

---

〔1〕　转引自任光亮，沈津：《杭州雷峰塔及〈一切如来心秘密全身舍利宝箧印陀罗尼经〉》，《文献》2004年第2期，第114页。

〔2〕　俞平伯：《记西湖雷峰塔发见的塔砖与藏经》，《俞平伯全集·第二卷》，花山文艺出版社，1997年，第39页。

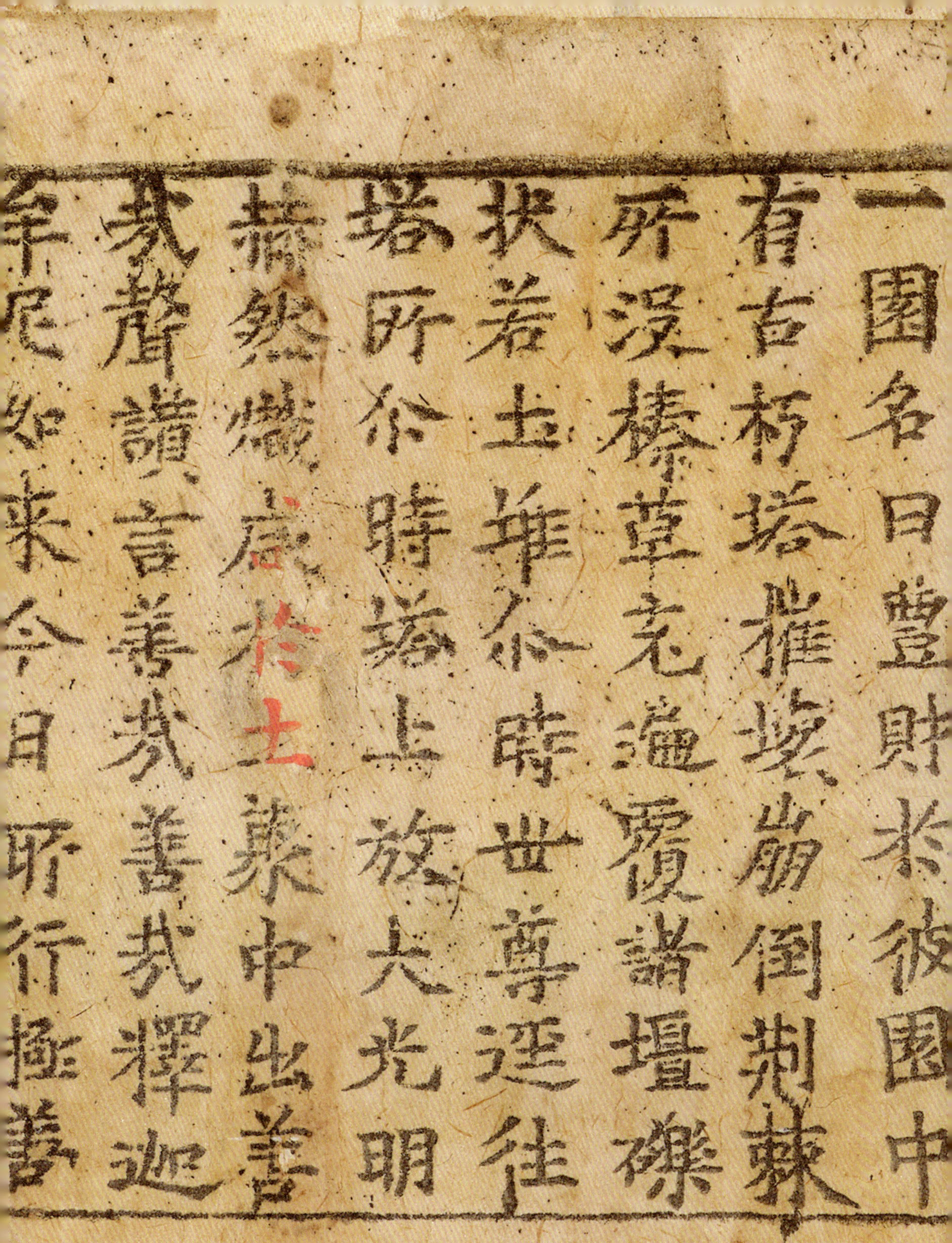

一園名曰豐財於彼園中
有古朽塔摧圮崩倒荊棘
所沒榛草充遍頹損諸墼礫
狀若土堆爾時世尊逕往
塔所佇時塔上放大光明
蕭然煥燦 於土 眾中出善
救聲讚言善哉善哉釋迦
牟尼今日所行極善

图 25　五代吴越国　乙亥岁（975）刻本《宝箧印陀罗尼经》（局部）

池中與大菩薩眾及大聲
聞僧天龍藥叉健闥婆阿
蘇羅迦樓羅緊那羅摩睺
羅伽人非人等無量百千
眾俱前後圍遶尒時眾中
有一大婆羅門色無垢妙
光多聞聰慧人所樂常
奉十善於三寶所決定信
向善心般重智慧微細常
欲令一切眾生相應善利
大富豐饒寶具圓滿蒲時彼
婆羅門無坡娑光從座而
起往諸佛所遠佛七迊以
衣裓盛諸雜華異持覆佛上頂
眾香花奉散世尊無價妙
婆羅門無坡娑光從座而
礼雙足却住一面作是請
言唯愿世尊與諸大眾明
日晨朝至我宅宇受我供
養於時世尊默然許之時

如來皆來稱讚釋迦牟尼
佛各作是言善哉善哉釋
迦如來能說如是廣大法
要安置如是法藏於閻浮
提令諸眾生受樂安隱者
有善男子善女人安此法
中者我等十方諸佛隨其
要安置此陀羅尼於塔像
方慶恒常隨逐於一切時
以神通力及捨衆加持護
念尒時世尊說此大全身
舍利寶篋印陀羅尼巳竟作
佛事巳然後住彼濱羅門
家受諸供養令無數天人
獲大福利巳却還所住於
時大衆此丘比丘尼優婆
塞優婆夷天龍花火健闥
婆阿脩羅迦樓羅緊那羅
摩睺羅伽人非人等皆大
歡喜信受奉行

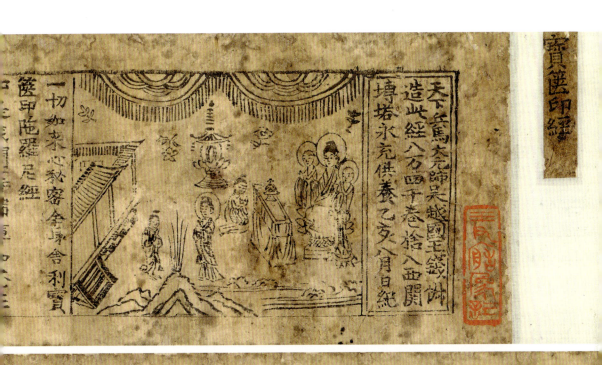

图26　五代吴越国　乙丑岁（965）刻本《宝箧印陀罗尼经》　叶恭绰旧藏　浙江省博物馆藏

了详尽的考证。在这篇文章的最后，他感慨道：

> 塔历九百五十不为暂。夫岿然不敝者殆千秋，而俄空于一旦，则一
> 旦固凛乎未可逾也。舍经以入塔，意将依之以并久。乃塔坏而经独全，
> 且以塔坏而经始得出。昔之见雷峰塔者咸不知有经，而后之获见藏经者，
> 更不及见兹塔矣。惟吾辈乃得兼之，赞叹之，痛惜之。

俞平伯先生文中感慨万千的既见到雷峰塔、又获见藏经的幸运，我们作为
后来者已不能有，但如今如果能够得见一卷完整的雷峰塔经，不啻极其稀有的
眼福。

第二章

吴越江山留胜概，

万事销沉一塔存

雷峰塔里装藏的佛经，全称为《一切如来心秘密全身舍利宝箧印陀罗尼经》，经卷完整无缺者全长超过 2 米，卷首刻礼佛图，图前刻三行发愿文，提供了重要的刻经者信息和刻经时间："天下兵马大元帅吴越国王钱俶造此经八万四千卷，舍入西关砖塔，永充供养。乙亥（975）八月日纪。"（图27）

由刻经题记可知，雷峰塔藏《一切如来心秘密全身舍利宝箧印陀罗尼经》的施刻者和主持雷峰塔的修建者，乃是第五位吴越国王，亦是吴越国的末代国君钱俶。当我们缓缓展开超过两米的雷峰塔藏经卷时，吴越国的历史，历代国王的人生也从其中缓缓浮现出来。

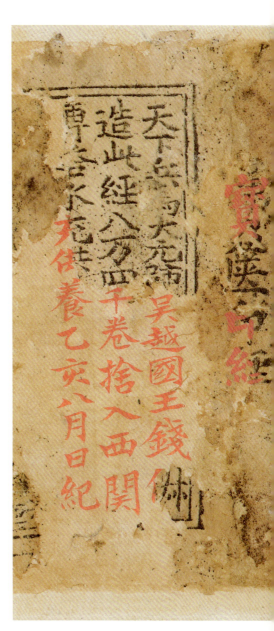

图27　五代吴越国　乙亥岁（975）刻本
《宝箧印陀罗尼经》题记

2.1
钱俶：
"最后的王"，纳土归宋

> 66 钱氏五主，共八十一年，吴越国走完
> 近百年的历程。 99

钱俶（929—988），原名钱弘俶，因犯宋宣祖赵弘殷名讳，入宋后避讳，只称钱俶。[1]（图28）钱俶，字文德，生于杭州吴越王宫功臣堂，生母吴汉月，吴越文穆王钱元瓘第九子，第五个亲生儿子。[2]累授内牙诸军指挥使、检校司空、检校太尉。开运四年出镇台州。异母兄长、忠逊王钱弘倧即位后，召钱俶返回杭州为同参相府事，居于南邸。后汉天福十二年十二月三十日（948年2月12日），吴越将领胡进思趁钱弘倧夜宴时发动政变，钱弘倧被软禁，钱弘俶被胡进思迎立

---

〔1〕　〔宋〕曾巩撰，王瑞来校证：《隆平集校证·卷十二·伪国·吴越·钱俶》，中华书局，2012年，第346页。

〔2〕　〔清〕吴任臣撰，徐敏霞、周莹点校：《十国春秋·卷第八十一　吴越五·忠懿王世家上》，中华书局，2010年，第1147页。

图 28　忠懿王钱弘俶画像

为吴越王。乾祐元年（948）正月乙卯，钱弘俶即位于杭州吴越王宫天宠堂。

据《吴越备史》记载，乾祐二年（949）十月，后汉册封钱弘俶为匡圣广运同德保定功臣、东南面兵马都元帅、镇海镇东等军节度使、浙江东西等道管内观察处置使兼两浙盐铁制置发运营田等使、开府仪同三司、检校太师、兼中书令、杭州越州大都督、上柱国、吴越国王，食邑一万户，实封一千户。

后周太祖于广顺元年（951）春正月即位后，即敕授钱弘俶为诸道兵马都元帅，加食邑一千户，实封三百户，仍赐尚书令册礼。广顺二年二月，后周太祖制授钱弘俶天下兵马元帅，增食邑二千户，实封五百户，改赐推诚保德安邦致理忠正功臣。显德四年（957），钱俶平定江淮战事获胜，后周世宗遣使"赐俶兵甲旗帜、橐驼羊马”，“每岁班赐，自此始也”。

建隆元年（960）春正月，宋太祖赵匡胤受禅改元，吴越国依然礼敬中原，宋太祖敕授钱俶天下兵马大元帅，钱俶不断加重朝贡砝码，朝廷也不断发放赏赐。乾德二年（964），授钱俶起复天下兵马都元帅，加食邑一千户，实封四百户。四月，重建城南宝塔寺成，铸武肃王、文穆王、忠献王铜像供于寺中。

开宝五年（972），宋太祖命元帅府掌书记黄夷简传话于钱俶：“汝归语元帅，当训练兵甲。江南倔强不朝，我将发师讨之。元帅当助我，无惑人言，云皮之不存，毛将安傅也。”开宝七年（974）宋太祖赵匡胤以南唐李煜拒命来朝为辞，发兵十余万，进攻南唐。十月，宋太祖授钱俶东南面招讨制置使，命钱俶出师攻打常州。闰十月二十七日，李煜遣使致书钱俶：“今日无我，明日岂有君？一旦明天子易地赏功，王亦大梁一布衣耳。”钱俶未加理会。十一月十四日，钱俶将李煜书上交宋太祖。开宝八年（975）四月十五日，钱俶兵攻克常州。十一月二十七日冬至，北宋大军攻破南唐都城江宁（今南京），李煜奉表投降，南唐灭亡。

开宝九年（976），钱俶携王妃孙氏、世子钱惟浚自杭州出发，前往汴京觐见宋太祖。据《十国春秋》记载，太祖不仅遣皇子远迎于道中，而且“数诏王与世子惟濬宴射后苑，泛舟池中，时惟亲王预席，王拜谢久之，宋帝令内侍掖起，手酌酒以赐王，王伏地感泣，且曰：‘子子孙孙，尽忠尽孝。’宋帝曰：‘但尽我一世耳，后世子孙亦非尔所及也。’一日，召王内宴，独晋、秦二王在坐，酒酣，宋帝命王与二王叙昆仲之礼，王叩头涕泣固让，乃止”[1]。与此同时，宋太祖在城南为钱俶修建离宫，“连互数坊，栋宇宏丽”，宫成赐名“礼贤宅”。这种做法颇为高明，既要钱俶出兵，又以“礼贤宅”为由令钱俶回归朝廷。

［1］ ［清］吴任臣撰，徐敏霞、周莹点校：《十国春秋·卷第八十二 吴越六》，中华书局，2010年，第1172页。

图 29　武肃王钱镠画像、文穆王钱元瓘画像

及钱俶辞行，宋太祖赏赐锦衣、玉带、玉鞍、玳瑁鞭，及金银锦彩二十余万、银装兵器八百余件，又赐王妃金器三百两、衣料二千匹、银二千两。又给钱俶黄祅一件，嘱曰"途中密视"。钱俶中途开祅检视，皆宋朝诸臣劝说扣留钱俶的奏章，史书记载，"王（钱俶）甚感惧"[1]。

同年冬十月，宋太祖宴驾，太宗即位，改元太平兴国。太平兴国三年（978）钱俶来朝，朝廷远迎近接，非常隆重，迎春苑、崇德殿、长春殿等地成为皇室接待钱俶之处，当然，钱俶也向朝廷进献了大量的白金、玉器、绫绵、茶叶、象牙、

［1］　［清］吴任臣撰，徐敏霞、周莹点校：《十国春秋·卷第八十二　吴越六》，中华书局，2010年，第1172页。

图 30　忠献王钱弘佐画像、忠逊王钱弘倧画像

香料、高级木材制成的家具、各种装饰华丽的乐器等。宋太宗赵炅召钱俶父子宴
饮，共同泛舟池中，皇帝亲自为钱俶赐酒，"太宗手举御杯赐，俶跪而饮之"[1]。
四月，钱俶"复来朝，而陈洪进继至。洪进先纳土，俶不自安，亦上章以国归"[2]。
钱俶上言请求解除其受封的吴越国王天下兵马大元帅的职名，皇帝不许。五月，
钱俶再次上书，请求以所管十三州献于宋廷，纳土称臣。太宗诏答同意，接受钱
俶献地，封其为淮海国王，并从国家一统的意义上对钱俶予以推崇和赞美。从此，
钱氏五主（图28、29、30），共八十一年，吴越国走完近百年的历程。

---

〔1〕　［明］蒋一葵撰，吕景琳点校：《尧山堂外纪·卷三十九　五代（吴、越、荆南、湖南）·吴越王镠》，
中华书局，2019年，第615页。

〔2〕　［宋］曾巩撰，王瑞来校证：《隆平集校证·卷十二·伪国·吴越·钱俶》，中华书局，2012年，
第346页。

2.2
钱镠：
开国人主，度德量力

> 66 更难得的是他度德量力而识时务，一
> 生向中原称臣纳贡，使百姓免受兵戈
> 之苦。 99

　　纵观钱俶继位之后的基本国策，其中重要的一项就是礼敬中原朝廷，这一国策的制定者，要追溯到"钱氏五主"的第一位，吴越开国人主钱镠。

　　钱镠（852—932），字具美，杭州临安人，他是吴越开国君王，也是一位传奇式人物。史料记载："临安里中有大木，镠幼时与群儿戏木下，镠坐大石指麾群儿为队伍，号令颇有法，群儿皆惮之。及壮，无赖，不喜事生业，以贩盐为盗。"[1] 由此记录可知，钱镠从小就有为将的天赋。唐代晚期，政府变本加厉地推行食盐专卖政策，一方面加重了农民的负担，另一方面也导致了民间私盐贩

---

[1]　　[宋]欧阳修：《新五代史》，卷六七，中华书局，1974年，第835页。

卖的猖獗。而私盐贩为了对抗政府的镇压，往往携带兵器，结帮而行。钱镠走上贩盐这条道路，自然也成为了这种团伙中的一员。何勇强《钱氏吴越论稿》考证，当时在江浙一带，由于社会动荡不安，存在不少的劫盗，而政府常常无能为力，因此民间自行组成武装组织。钱镠自称二十一上入军，据考证，实际上并不是应募从军，而是自己在民间拉起了一支军队，成为一支以民间力量为主的武装部队的首领。

唐乾符二年（875），浙西裨将王郢作乱，石镜镇（今浙江临安县南）将董昌招募乡兵讨贼。钱镠因为"善射与槊，骁勇绝伦"，受董昌器重，表为偏将，在平定王郢叛乱中立下首功。唐乾符六年(879)，黄巢农民军数千人攻掠浙东，至临安，钱镠出奇兵，率劲卒二十人埋伏山谷中，用劲弩射杀黄巢军队先锋数百人，受到都统高骈的赞赏。钱镠的影响与身价也因此大为提升，董昌作了杭州刺史，钱镠升至都指挥使。

唐中和二年（882），越州观察使刘汉宏与董昌之间的矛盾演变成兵戎相见。钱镠率部"窃取军号，斫其营"，杀对方数员大将，刘汉宏"易服"而逃，差点成了钱镠刀下之鬼。唐中和四年（884）刘汉宏被钱镠斩于会稽，钱镠上报董昌代替刘汉宏自居于杭州。立此大功后，唐光启三年（887），钱镠拜左卫大将军、杭州刺史，成为地方大员。不久，唐昭宗又拜钱镠为杭州防御使，取得苏州、常州之地。董昌为节度使，封陇西郡王。景福二年（893），再拜钱镠为镇海军节度使、润州刺史。乾宁元年（894），加同中书门下平章事。

乾宁二年（895），对钱镠有提携之恩的越州观察使董昌，因受妖人蛊惑反唐，自称皇帝，国号罗平，改元顺天。

唐昭宗下诏削董昌的官爵，并封钱镠为彭城郡王，浙江东道招讨使，以平息董昌之乱。钱镠曰："董氏于吾有恩，不可遽伐。"他先礼后兵，以三万大军屯于迎恩门，再遣人"谕昌使改过"。董昌接受钱镠之举，遣人带钱二百万以犒军，"自请待罪，镠乃还兵"。但随后董昌却又拒绝投降，钱镠没有退路，遂遣将围剿。董昌被俘，于押解杭州途中投水自尽。[1]

董昌之乱平息后，唐昭宗拜钱镠为镇海、镇东军节度使，加检校太尉、中书令，"赐铁券，恕九死"[2]，此为极大的政治待遇。中国历史上的"丹书铁券"，民间俗称"免死金牌"，始于汉代，是天子颁发给功臣、重臣的一种带有奖赏和盟约性质的凭证，类似于现代普遍流行的勋章奖章，形制稍有不同，内涵较为宽泛。现收藏于中国国家博物馆的钱镠铁券是最早的铁券实物（图31）。

唐天复二年（902），钱镠被封为越王。天祐元年（904），再封为吴王。钱镠建功臣堂，立碑纪功。此时，大唐的历史已近入尾声。钱镠的吴越国之建立，已呈水到渠成之势。

五代十国后梁朱温即位，封钱镠为吴越王兼淮南节度使。有人劝钱镠拒命不受，钱镠笑道："吾岂失为孙仲谋邪！"遂受之。[3]

后梁末帝贞明三年（917），加钱镠天下兵马都元帅，开府置官属。龙德元年（921），赐钱镠"诏书不名"。后唐庄宗赐钱镠玉册、金印后，钱镠将镇海等军节度使授给儿子元瓘，自称吴越国王，将自己的所居之地称为宫殿，府称为朝，官属皆称臣，玉册、金券、诏书皆备，且遣使册封新罗等地。[4]一切如天子之制，事实上已经建国，开创了五代十国之一吴越国割据政权。钱镠，成为吴

---

〔1〕　〔宋〕欧阳修：《新五代史》，卷六七，中华书局，1974 年，第 838 页。

〔2〕　〔宋〕欧阳修：《新五代史》，卷六七，中华书局，1974 年，第 838 页。

〔3〕　〔宋〕欧阳修：《新五代史》，卷六七，中华书局，1974 年，第 839 页。

〔4〕　〔宋〕欧阳修：《新五代史》，卷六七，中华书局，1974 年，第 840 页。

图 31　乾宁四年（897）唐昭宗颁赐给吴越国王钱镠的金书铁券　中国国家博物馆藏

越国的开国者。

　　钱镠其毕生功绩尤以保境安民，兴修水利，发展经济，造福钱塘为重，更难得的是他度德量力而识时务，一生向中原称臣纳贡，使百姓免受兵戈之苦。钱镠临终时，为子孙留下著名的《武肃王遗训》，告诫约束其子孙：

> 　　尔等各守郡符，须遵吾语。余自主军以来，见天下多少兴亡成败，孝于亲者十无一二，忠于君者百无一人。是以第一要尔等心存忠孝，爱兵恤民；第二凡中国之君，虽易异姓，宜善事之；第三要度德量力，而识时务，如遇真主，宜速归附。圣人云顺天者存。又云民为贵，社稷次之，免动干戈，即所以爱民也。如违吾语，立见消亡。依我训言，世代可受光荣。[1]

　　钱镠在位四十一年，享寿八十一岁。庙号太祖，谥号武肃王，葬于钱王陵。

　　[1]　钱文选辑：《钱氏家乘》，上海书店出版社，1996年，第141页。

2.3
立足吴越，尊奉中原

> **❝** 钱俶纳土归宋换来了中华文化'造极
> 于赵宋之世'。**❞**

　　钱氏五主始终与中原朝廷保持着稳定的关系。钱俶的儿子惟浚、惟治、惟演、惟愿等或为节度使，或为团练使，或为刺史，或为观察使，都有相应安排。钱俶上表宋太宗纳土称臣，即在太平兴国三年（978）。宋太宗接受钱俶献地，封其为淮海国王，并称赞他："卿能保全一方以归于我，不致血刃，深可嘉也。"[1]此言是公允而客观的，特别是从钱镠到钱俶，他们采取的国策消弥了战争，使得百姓能够安居乐业，在社会祥和中实现了国家的统一，功德无量。以现代人的眼光审视千年前钱俶的选择，仍令人感佩。

　　钱俶身后"追封秦国王，谥忠懿。……俶任太师、尚书令、兼中书令四十年，

---

[1]　[宋]钱若水修，范学辉校注：《宋太宗皇帝实录校注·卷第二十七》，中华书局，2012年，第83页。

为元帅三十五年，穷极富贵，福履之盛，近代无比"[1]。史书记载，钱俶归葬洛阳北邙山"河南府洛阳县贤相乡陶公里"。值得注意的是，"葬北邙，宜子孙"是当时沿承已久的风俗，北邙山历为死者天国，北宋皇陵在洛，为子孙计，钱俶要求葬于北邙，遥揖皇陵，表达"生为君臣，死为君鬼"之意，这种冥幽效忠的心态应该是存在的。北邙山凤台里埋葬着东吴末帝孙皓、陈朝后主陈叔宝、百济王扶余义慈、扶余隆父子、西蜀之君孟昶和南唐后主李煜等，可算得是我国唯一的"亡国之君兆域"。钱俶虽也是亡国之君，却葬在与凤台里相邻的陶公里，体现了宋室对钱俶的"表异恩"[2]。

钱俶纳土归宋换来了中华文化"造极于赵宋之世"，历代有识之士对几代吴越王的功德都赞赏有加。欧阳修《有美堂记》称：

> 独钱塘自五代时，知尊中国，效臣顺，及其亡也，顿首请命，不烦干戈，
> 今其民幸富完安乐。[3]

宋熙宁十年（1077）十月，杭州知州赵抃有感于吴越武肃王钱镠以来三世四王代代施政为善，纳土归宋避免干戈，遂奏请朝廷将杭州西南数里的废弃寺庙妙因院改为道观，让钱氏后人道士看护钱氏家族坟墓，供奉钱氏三世四王。宋神宗下诏恩准，赐名为"表忠观"。苏东坡受托撰文和书写了《表忠观碑》，碑文极力赞美推崇钱氏保境安民之功德（图32、33）：

> 三世四王，与五代相终始。天下大乱，豪杰蜂起，方是时，以数州

---

〔1〕 ［宋］李焘撰，上海师范大学古籍整理研究所、华东师范大学古籍整理研究所点校：《续资治通鉴长编·卷二十九 太宗端拱元年》，中华书局，2004年，第656页。

〔2〕 吴建华：《吴越国王钱俶墓志考释》，《中原文物》1998年第2期，第89-95页。

〔3〕 ［宋］欧阳修著，李逸安点校：《欧阳修全集·卷四十 居士集卷四十·记八首·有美堂记》，中华书局，2001年，第585页。

起方是時以數

覆其族延及于

下里帶甲十

於天下然終不

图 32　苏东坡《表忠观碑》拓本（局部）

图33　苏东坡《表忠观碑》拓本（局部）

之地盗名字者，不可胜数。既覆其族，延及于无辜之民，罔有孑遗。而吴越地方千里，带甲十万，铸山煮海，象犀珠玉之富，甲于天下，然终不失臣节，贡献相望于道。是以其民至于老死不识兵革，四时嬉游歌鼓之声相闻，至于今不废，其有德于斯民甚厚。[1]

今人亦感佩于钱氏纳土归宋之英决，陈尚君先生撰文赞：

俶归，尽撤国内攻守设施，以示不疑。太祖逝世，立即自请纳土归阙。临行告庙，词云："嗣孙俶不孝，不能守祭祀，又不能死社稷。今去国修觐，还邦未期。万一不能再扫松槚，愿王英德，各遂所安，无恤坠绪。"俶之毅然去国，一为两浙不被战火，二为宗族完整保存，英决如此，不

---

[1]　［宋］苏轼撰，［明］茅维编，孔凡礼点校：《苏轼文集·卷十七　碑·表忠观碑》，中华书局，1986年，第499页。

仅当时有保俶塔之建，功德全在民心，千载后读此，仍能体会其坚毅。[1]

诚如欧阳忠公与苏东坡所言，吴越是五代时期割据于今浙江、江苏一带的小国，仅为"十国"之一，奠基开国之主钱镠起身平凡，从军为将。钱镠之后，吴越国历经四主统治，四主在位，长则三十年，短则半载，均为守成之主。此吴越国四主与当时南汉、马楚、王闻等国内争战不止、杀戮不休的君主迥然不同，他们尊奉钱镠遗训，始终不渝地尊君睦邻，戢兵爱民，维持了半个多世纪的和平安定局面，成为十国之中国祚最长之国。[2]

五代十国，自唐末始乱算起，到北宋完成统一，前后逾百年，为中国中古社会大动荡之时期，也是社会阶层重新组合的时期。学者陈尚君先生指出，这一时期中原历五朝八姓十四帝，地方割据或称帝者亦逾十家。如朱梁，燕刘，前蜀王，乃至后唐三家，其子孙后皆蔑有闻者，盖称霸易而保后为难。后周柴，后蜀孟，南唐李，北汉刘，入宋子孙尚存，渐次衰微，后世无闻。南平高，清源陈，稍有可称。惟吴越钱氏，则繁盛至今，举世罕有可比者。追溯其始，则钱宽之周慎畏盈，钱镠之知所进退，皆具特识。天下扰攘之间，钱氏能谨守本土，善事大国，安民保境，善待子民。文穆以后诸主，皆为本色文士，武不足拓境，文仅可润身，始终未如王衍之狂童嬉国，也不似南唐之不识大势，忍辱承重，始终以乡土宗祠为念。钱俶守国逾三十年，并无大恶，小有成功，能识天下统一之趋势，率国归诚。其本人及家族子弟，亦皆儒雅有才，谨守分际，终能顺利融入有宋，成就家族之世业。[3]

〔1〕 陈尚君：《从存世诗歌看吴越钱氏的文化转型》，《文史知识》2018年第10期，第32-39页。

〔2〕 曾国富：《五代吴越国治国方针浅析》，《文史博览》2006年第24期，第9-10页。

〔3〕 陈尚君：《从存世诗歌看吴越钱氏的文化转型》，《文史知识》2018年第10期，第32-39页。

2.4
东南佛国，文脉有自

> "
> 吴越国寺院众多，高僧辈出，大德云集，佛事活动频繁活跃，是真正的东南佛国。
> "

天下扰攘之间，吴越国君王能谨守本土，善事大国，安民保境，善待子民，固然与钱氏五主儒雅有才，谨守分际的秉性品格有关，但还有一个重要的文化因素不容忽视，即吴越国与佛教的关联。唐末五代，整个文化呈向南转移的态势，佛教文化的中心也随之南移，标志就是禅宗的南迁。这一大背景，对吴越国来说是发展宗教文化的机遇。从 907 年钱镠封吴国王，到钱俶归顺北宋，这段时期吴越国辖境基本风调雨顺，国泰民安，环境适宜于文化的繁荣和发展，尤其是宗教文化。

在吴越国存续近百年的历史中，五位吴越君王始终奉行崇佛政策。自开国君王钱镠始，历代吴越君王都热衷于兴建寺庙佛塔，礼敬僧侣。今人根据宋代方志《咸淳临安志》的记载做过统计，从唐昭宗景福二年（893）钱镠任镇海军节度使开始（尽管钱镠封吴越王是后来的事，但学术界通常将这一年视为其建立政权之年）至宋太宗太平兴国三年（978）钱俶献土归宋之年止。三代五位吴越国王在吴越境内兴建的寺院总计为 355 所[1]。

开国君主钱镠，初"以贩盐为盗"，起家即富神秘色彩，他以各种方式增加了在子民中的影响力。首先，豫章善术之人占卜说他乃"真贵人也"。其次，钱镠"立生祠于衣锦军"，衣锦军是钱镠的故乡。《新五代史》的钱镠传里没有写"生祠"是后唐所立，还是钱镠自立，但"立生祠"这一举动除了追念主人的功绩之外，也包括祭祀的内容。再次，904 年钱镠授封吴王后修建了功臣堂，立碑纪功，宾佐将校五百人留于碑石。生祠，是钱镠自己的功德碑，功臣堂，则记载了追随钱镠数十年间的功臣。

贞明二年（916）十二月，钱镠命其弟——惠州防御使钱铧"率官吏、僧众诣明州鄞县(后梁改名鄞县，治所在今浙江宁波市)阿育王寺，迎释迦舍利塔府城，仍建浮屠于城南置之"[2]。《五代诗话》第一卷《吴越王钱镠》谓其"寺塔之建，吴越武肃王倍于九国"。

钱镠的崇佛思想，从史籍记载亦可见一斑。《宋高僧传》明确记载钱镠奉佛，与禅僧洪湮的来往有关，他们关系非常密切。当初，洪湮见到钱镠后，就屏退身边的人，对钱镠说："他日贵极，当与佛法为主。"景福二年（893），"吴

---

〔1〕 杜文玉：《吴越国杭州佛寺考——以〈咸淳临安志〉为中心》，《唐史论丛》2018 年第 1 期，第232-255 页。

〔2〕 〔清〕翟灏撰，顾莉丹点校：《湖山便览·卷十 南山路·凤凰山》，浙江古籍出版社，2016 年，第 315 页。

越国王尚父钱氏奏举（洪諲）登赐法济大师"，两人来往已不同于一般。后来，钱镠"故奏署諲师号，见必拜跪，檀施丰厚，异于常数"[1]。901 年，洪諲卒后，钱镠写了记赞褒扬的"真赞"。钱镠不仅推崇佛学大师，而且通过不同途径引各地高僧来杭州，《旧五代史》注引《五代史补》曰："僧侣者，通于术数，居两浙，大为钱塘钱镠所礼，谓之国师。"[2]据《宋高僧传》载，钱镠曾请杭州千顷山慈云院禅僧楚南下山供施。唐昭宗颇看重楚南，"闻其道化，赐其鹿胎衣五事，别赍紫衣"[3]。以上种种，皆可见钱镠在当时的宗教影响力。从钱镠与禅僧接触的时间看，大约在其三十岁以后，而钱镠与佛教的密切关系约有五十年。因此，钱镠实奠定了宗教文化在吴越国的地位。

　　钱镠子孙中多有虔诚崇敬佛教者。钱镠的第十九子崇信佛教，幼通禅理，十三岁即出家为僧，法号令因，后梁龙德三年（923）"授吴越僧统，赐号慧因普光大师"[4]。钱镠之后的四位吴越王也一直奉行崇佛政策。有学者根据《咸淳临安志·寺观》记载做过统计，"杭州城内外寺院创建于吴越时期的 230 所中，明确标明为吴越国王及钱氏家族建立的便达 173 所"[5]。据此可见杭州寺院十之五六创于钱氏在三代五位吴越王持续的崇佛政策推动下，吴越国寺院众多，高僧辈出，大德云集，佛事活动频繁活跃，成为真正的东南佛国。

〔1〕　［宋］赞宁撰，范祥雍点校：《宋高僧传·卷第十二　习禅篇第三之五·唐长沙石霜山庆诸传》，中华书局，1987 年，第 284 页。

〔2〕　［清］陶元藻编，俞志慧点校：《全浙诗话·卷九·吴越　方外·僧昭》，中华书局，2013 年，第 243 页。

〔3〕　［宋］赞宁撰，范祥雍点校：《宋高僧传·卷第十七　护法篇第五·唐杭州千顷山楚南传》，中华书局，1987 年，第 429 页。

〔4〕　［清］董诰等编：《全唐文·唐文拾遗·卷之五十二·徐釟·吴越国故僧统慧因普光大师塔铭》，中华书局，1983 年，第 10965 页。

〔5〕　孙旭：《吴越国杭州佛教发展的特点及原因》，《浙江社会科学》2010 年第 3 期，第 104-105 页。

吴越诸王中，奉佛最为热心者便是钱俶。钱俶曾请高僧道潜入王府为其受菩萨戒，是一位真正意义上的佛教徒。他礼敬僧侣，为道潜"造大伽蓝，号慧日永明，请以居之。假号曰慈化定慧禅师，别给月俸以施之，加优礼也"[1]。钱俶于天福十二年（947）继位，中原后周推行灭佛政策，曾传诏吴越国"寺院非敕额者悉废之"，但史籍却未见吴越国奉后周之命拆毁非敕额寺院的记载。事实上，寺院不仅未拆除，而且在持续兴建。在吴越王钱俶的护持之下，吴越之地免于中国佛教史上最后一次由后周世宗倡导的毁佛法难，钱俶也因此成为佛教史上一代护法圣主（图34-37）。

钱俶崇佛，主要体现在如下几个方面：

第一，钱俶本人是修为极高的佛教徒，佛学造诣极高。《五灯会元（卷三）》有钱俶为马祖弟子大梅法常所作赞："师初得道，即心是佛。最后示徒，物非他物。穷万法源，彻千圣骨。真化不移，何妨出没。"[2]大梅山在余姚南七十里，法常生活年代早于吴越立国百年，由此赞可以看出钱俶对南宗禅法的透彻理解。钱俶自叙其在位期间"口不辍诵释氏之书，手不停披释氏之典"，因此，佛教思想对他处理吴越国政、外围关系都发挥着重要作用。宋史记载，钱俶"每遣使修贡，必罗列于庭，焚香再拜，其恭谨如此"[3]。可见连修贡之事，都渗透着他的宗教思想。[4]

---

〔1〕　[宋]赞宁撰，范祥雍点校：《宋高僧传·卷第十三　习禅篇第三之六·周庐山佛手岩行因传》，中华书局，1987年，第316页。

〔2〕　[宋]普济著，苏渊雷点校：《五灯会元·卷第三·马祖一禅师法嗣·大梅法常禅师》，中华书局，1984年，第147页。

〔3〕　[元]脱脱等撰，中华书局编辑部点校：《宋史·卷四百八十　列传第二百三十九世家三　吴越钱氏·钱俶》，中华书局，1985年，第13907页。

〔4〕　薛正昌：《钱氏家族与吴越佛教文化》，《浙江社会科学》2013年第3期，第144页。

图 34　雷峰塔地宫出土五代吴越鎏金
铜佛坐像　浙江省博物馆藏

图 35　雷峰塔地宫出土 "千秋万岁" 铭鎏金银垫　浙江省博物馆藏

第二，钱俶崇信佛教，在吴越国内修建了众多宗教寺院。钱俶在位期间兴建的寺院，据清代吴任臣所撰《十国春秋·忠懿王世家》记录，即有：后周广顺元年（951）"建空律寺，舍旧苑为灵芝寺，因芝生苑内，故名"。广顺二年（952）四月"建报恩元教寺于城北，荐王妣也"。显德元年（954）"建慧日永明禅院，迎僧道潜居之"。北宋建隆元年（960）"重创灵隐寺，立石塔四"。乾德二年（964）四月"重建城南宝塔寺，奉武肃王、文穆王、忠献王铜容入内"，并建千光王寺。次年八月，重建宝塔寺于城北，同年又建天龙寺。乾德五年（967），又于北山建净心院。

第三，钱俶尝慕阿育王造塔之事迹，以金铜精钢造八万四千宝塔，内藏《宝箧印陀罗尼经》，广颁施之。经卷随宝塔在吴越国境内广泛传播，甚至远达日本、高丽等邻近国家。

第四，钱俶广泛搜集散失宗教经卷，刊刻佛教典籍。《咸淳临安志》记梵天寺金银书《大藏经》，谓吴越忠懿王"建《大藏经》五千四百八卷，碧纸银书，每至佛号则以金书，牙签银轴，制甚庄严"[1]。钱俶所造此部《金银字大藏经》，年代早于北宋开宝年间刻印的《大藏经》，卷数则与开宝藏相当，以金银书写，更显珍贵，可惜未见有传世留存者。钱俶为搜求散失的佛经，甚至不惜派人蹈海远赴高丽、日本求取经卷。据《佛祖统纪》载："初天台教卷，经五代之乱，残毁不全。吴越王钱俶遣使之高丽、日本以求之。"[2]天台宗是创立于隋代的著名佛教宗派，因其祖庭位于浙江台州天台山而得名。天台宗不仅在中国有很

[1]　莫伯骥著，曾贻芬整理：《五十万卷楼群书跋文·上·子部二·妙法莲华经七卷》，中华书局，2019年，第426页。

[2]　[宋]志磐：《佛祖统纪》卷43，见"中华典藏"https://www.zhonghuadiancang.com/foxuebaodian/11843/233887.html。

图36 "天下大元帅吴越国王钱俶印造"《二十四应现观音像》
日本镰仓玄澄摹本

大的影响，对朝鲜半岛及日本亦有较大辐射作用。九世纪初日本平安时代僧人最澄即在天台山向湛然弟子辈的道邃、行满等禅师学习天台宗教义，受菩萨戒，后将其传到日本，与真言宗并列发展。因此，当五代战乱使得天台宗经典在中国本土残缺不全时，钱俶遂遣使赴高丽、日本求取，由此可见钱俶对传播发展佛教之重视程度。[1]

第五，礼敬僧侣，招揽全国的佛教精英。如德韶，是法眼宗创立者文益的法嗣，钱俶即王位后，以弟子礼迎之，并尊之为国师。五代著名的高僧延寿就是德韶的法嗣。钱俶曾请他"开山灵隐新寺，明年迁永明大道场，众盈二千"[2]。在吴越王钱俶的大力支持下，永明延寿与钱俶共同主持刊刻佛经、咒语、塔图、佛像数十万卷。这种君主提倡、寺僧主持、大量印刷佛教典籍的出版现象为史上罕见（图36）。

五代时期，与吴越国的佛教文化氛围形成鲜明对比的是，中原佛教呈衰微之势。显德二年（955）周世宗毁佛，加剧了唐武宗会昌灭佛后北方佛教的凋零速度，故以两京（西京洛阳、东京开封）为中心的后梁、后唐、后晋、后汉、后周五代政权统治地区，鲜见这一时期的佛教遗物。吴越作为十国之一，地处东南一隅，全盛时疆域北起苏州，南抵福州，有十三州一军之地。钱氏诸王笃信三宝，钱俶"颇尊天竺之教"，统治吴越的三十年间，开窟造像，修寺起塔，刻经建幢，铸佛礼僧，至今保留诸多的佛教遗迹。[3]

钱俶崇佛，对吴越国文化事业的发展起到不可替代的作用。钱俶本人"颇

---

〔1〕 杜文玉：《吴越国杭州佛寺考——以〈咸淳临安志〉为中心》，《唐史论丛》2018年第1期，第253-254页。

〔2〕 [宋]普济著，苏渊雷点校：《五灯会元·卷第十·天台韶国师法嗣·永明延寿禅师》，中华书局，1984年，第604页。

〔3〕 黎毓馨：《吴越国时期的佛教遗物——以阿育王塔、刻本〈宝箧印经〉、金铜造像为例》，《东方博物》2014年第4期，第11页。

知书，雅好吟咏"，身为国王，曾将自己的"诗数百首为《正本集》，因陶穀奉使至杭州，求之为序"。可以说，和历史上很多君王不同，钱俶不仅是一位政治家、军事家，更是一个文化人。宋太平兴国三年（978），钱俶将吴越国的十三州之地呈献给大宋朝后，原本向佛的他就放弃了一切，"朝归后以爱子为僧"，一心向佛。

据陈尚君考证，《宝云振祖集》有钱俶《诗寄赠四明宝云通法师二首》：

> 海角复天涯，形分道不赊。灯清读《圆觉》，香暖顶袈裟。戒比珠无颣，心犹镜断瑕。平生赖慈眼，南望一咨嗟。
> 相望几千里，旷然违道情。自兹成乍别，疑是隔浮生。得旨探玄寂，无心竞利名。茅斋正秋夜，谁伴诵经声。

陈先生认为，从"南望""相望几千里"等句分析，此应是归宋后与越地名僧赠答之作。诗中表达了对云通法师之崇敬和对修行生活之向往，为自己因路途遥远无从向法师问道，感到深深遗憾。诗后有南宋宗晓禅师跋，谓"平生赖慈眼，南望一咨嗟"之句，久传山林，至此方得全篇。诗中可以体会钱俶之禅学修行。

钱俶的宗教思想及其影响力也是对吴越文化的积淀、彰显与传承。钱氏五主在位期间，吴越国经济发展，社会安定，佛教繁荣，从总体上看，经济与文化并举，社会与宗教和谐，这种局面在南方诸国中有着特殊的意义，在中国宗教文化发展过程中也是一个重要的里程碑。

钱俶慕阿育王，三次造塔刻经

第三章　钱俶慕阿育王，三次造塔刻经

吴越国王钱俶专注弘扬佛法，他最为坚定且极为宏大的一项伟绩就是仿效阿育王造塔刻经。在佛教典籍中，阿育王被称为转轮圣王。释迦牟尼佛灭度后200年左右，印度孔雀王朝第三代君主阿育王（前2世纪）统一古印度大部，国势大张，其皈依佛教后，大兴佛教，在华氏城（今印度比哈尔邦首府巴特那）举行了佛教史上规模最大的第三次结集，编纂整理经、律、论三藏经典，并派遣僧侣四方传播佛教。阿育王最著名的事迹就是分舍利、起宝塔，他取出王舍城大宝塔阿阇世王分得的佛陀舍利，分成八万四千份，据《佛祖统纪·卷三十三》记录："尊者耶舍舒指放光八万四千道，令羽飞鬼，各随一光尽处，安立一塔。"《阿育王传》卷一对这一过程有详细的记载：

> 王还于本处，便造八万四千宝箧，金银琉璃以严饰之，一宝箧中盛一舍利。复造八万四千宝瓮，八万四千宝盖，八万四千疋彩以为装校。一舍利付一夜叉，使遍阎浮提，其有一亿人处，造立一塔。于是鬼神各持舍利四出作塔……（王）到于上坐夜舍之前合掌而言："我今欲于阎浮提内造立八万四千宝塔。"上坐答言："善哉，善哉。王若欲得一时作塔，我于大王作塔之时，以手障日，可遍敕国界。手障日时，尽仰立塔。"于是后即以手障日，阎浮提内一时造塔。造塔已竟，一切人民，号为正法阿恕伽王，广能安隐，饶益世间，遍于国界，而起塔庙。善得滋长，恶名消灭，天下皆称为正法王。[1]

阿育王到处建立塔寺，分奉舍利。按每亿户人家分得一份，计八万四千份，建八万四千宝塔，华夏得十九份，建十九处宝塔。阿育王朝时期佛教昌盛，以阿育王奉佛建塔有功，后世佛教徒为缅怀阿育王功德，多将瘗埋释迦牟尼舍利的塔称作阿育王塔，庶几成为释迦牟尼舍利塔的代名词。关于中华所建十九座

---

[1]　《阿育王传》，《赵城金藏》本，见"中国哲学书电子化计划"https://ctext.org/library.pl?if=gb&file=88177&page=6。

阿育王塔的状况，宋代志磐曾留下这样的描述：

> 摩腾谓汉明帝曰：阿育王塔，震旦有十九处。大士告刘萨诃：洛阳（圣冢）、建邺（长干）、鄮阴（玉几）、临淄、成都五处有阿育王塔。今十九处不可备知，而考之五处，独鄮阴之塔，示世间可获瞻礼。[1]

这一记载说明，早在宋代，华夏十九塔中，除洛阳、建邺、鄮县、临淄、成都五处之阿育王塔外，其余大多已不为人所知。五塔之中，只有鄮县（后梁改名鄞县，治所在今浙江宁波市）之塔"可获瞻礼"，其余已都被隐而不彰。[2]

回望历史，结合上下千年的文献资料与考古新发现，我们现在了解到，钱俶弘扬佛法最为执着且极为宏大的一个壮举便是仿效阿育王造塔刻经，传播佛法。钱俶曾先后三次大规模铸造铜塔、铁塔和砖塔，并同时伴随有大规模刊刻《宝箧印陀罗尼经》装藏佛塔。这三次造塔事迹堪称宏伟，但却未见正史记载，只是或显或隐于佛教典籍和历史资料之中。近代考古学的发现，尤其是雷峰塔倒掉之后开宝八年乙亥岁（975）版《宝箧印陀罗尼经》的横空出现，使得这三次造塔刻经的传法鸿业被后代学者们发现并昭显于世。

〔1〕 ［宋］志磐：《佛祖统纪》卷33，见"中华典藏"，https://www.zhonghuadiancang.com/foxuebaodian/11843/233877.html。

〔2〕 杨富学，王书庆：《敦煌文献P.2977所见早期舍利塔考——兼论阿育王塔的原型》，《敦煌学辑刊》2010年第1期，第71页。

3.1
肇启：
后周显德二年、三年铸铜质鎏金阿育王塔，刻宝箧印陀罗尼经

> 66 周世宗实施了一系列的灭佛政策。在此大背景下，钱俶的此次造塔刻经定然是悄然进行…… 99

钱俶铸造八万四千金铜宝塔，颁施于境内各处甚至远播到日本的弘法事迹，最早见于南宋佛教文献的记载。南宋志磐《佛祖统纪》记载，北宋建隆元年（960），钱俶"慕阿育王造塔之事，用金铜精钢造八万四千塔，中藏《宝箧印心咒经》（此经咒功云，造像造塔者，奉安此咒者即成七宝，即是奉藏三世如来全身舍利），布散部内。凡十年而讫功（今僧寺俗合有奉此塔者）"[1]。

---

〔1〕　[宋] 志磐：《佛祖统纪》卷 43，见"中华典藏"，https://www.zhonghuadiancang.com/foxuebaodian/11843/233887.html。

文中所说的"八万四千"是佛教中常用以表示极多的约数,比如《观无量寿经》中说:"无量寿佛有八万四千相;——相中,各有八万四千随形好;——好中,复八万四千光明;——光明,遍照十方世界,念佛众生,摄取不舍。"最早版本的西游记故事《大唐三藏取经诗话》里,那个帮助唐僧去西天取经的就是自称"花果山紫云洞八万四千铜头铁额猕猴王"。苏轼也有诗云:"溪声尽是广长舌,山色无非清净身。夜来八万四千偈,他日如何举似人?"以上诸例中的"八万四千"都是表示极多的意思,并非实指。

与志磐《佛祖统纪》记载相呼应的,是在日本流传的一篇僧人道喜所作的《宝箧印经记》,这篇题记记载了道喜于应和元年(961)春在肥前国(今九州长崎县、佐贺县一带)刺史处拜观钱俶所造铜佛塔及佛塔内装藏带有显德三年(956)钱俶题记的佛经的事情。文中提到该塔得自日僧日延。

日延[1]为日本天台宗僧侣,他曾受日本政府派遣,护送中土散佚的天台宗典籍来到吴越国,南宋志磐的《佛祖统记》对于吴越王钱俶访求天台宗典籍一事亦有相关记载[2]:

> 吴越忠懿王,因览《永嘉集》,有"同除四住,此处为齐,若伏无明,三藏即劣"之语,以问韶国师。韶云:"此是教义,可问天台寂师。"王即召。师出金门,建讲以问前义。师曰:"此出智者妙玄。自唐末丧乱,教籍散毁,故此诸文多在海外。"于是吴越王遣使十人,往日本国求取教典。

日延于日本天历七年(953)护送天台宗典籍来到吴越国,四年后(957)

---

〔1〕 江静:《日延与吴越国时期的中日交流》,《浙江社会科学》2020 年第 11 期。

〔2〕 〔宋〕志磐:《佛祖统纪》卷 8,见"中华典藏",https://www.zhonghuadiancang.com/foxuebaodian/11843/233887.html。

携带千余卷内外典籍返回日本。临别时钱俶将刚刚完成的装藏宝箧印经的鎏金铜阿育王塔颁赐日延带回传法亦属合理。

道喜的文章写于村上天皇康保二年（965）七月二十六日。与造塔时间仅相隔九年。这篇题记的文本被日本皇円《扶桑略记》《大日本佛教全书》等书籍著录。还被抄录于日本的重要文化财——藤原时代写《宝箧印陀罗尼经》的卷尾[1]，是钱俶铸造金铜阿育王塔藏经的重要佐证。题记全文如下：

> 去应和元年，游右扶风。于时肥前国刺史称唐物出一基铜塔示我，高九寸余，四面铸佛菩萨像，德宇四角，上有龛形如马耳。内亦有佛菩萨像，大如枣核。捧持瞻视之顷，自塔中一囊落，开见有一经。其端纸注云："天下都元帅吴越国王钱弘俶揩本《宝箧印经》八万四千卷之内安宝塔之中，供养回向已毕，显德三年丙辰岁记也。"文字小细，老眼难见，即雇一僧，令写大字，一往视之，文字落误，不足眈读。然而粗见经趣，肝动胆奋，泪零涕迸，随喜感悦。问弘俶意，于是刺史答曰：由无愿文，其意难知，但常州沙门日延，天庆中入唐，天历之秒归来，即称唐物，付嘱其塔之次谈云。大唐显德以往，天下大饥，黄巾结党，抄劫边洲，烟尘张天，殆及邦畿。弘俶为大将，领天下兵征伐凶党及九年，比与贼合战二十四度，斩首五万余级。显德元年春，人弥饥荐，乌合蚁结，蚕食华鄙。弘俶麾其师旅，应响攻击，贼饥不战，立以大败。乘胜追北，至汉水边，洪水顿涨，激浪鼓怒，津处无船。贼徒知其巨脱，各投深水。暴虎冯河之辈，追捕溺杀，其数不知几亿万，汉水为之不流。自尔以降，天下清肃。弘俶复命之日，主上大喜，作九锡命，封王吴与越。弘俶不几坐杀若干人罪，得重病送（迄）数月，常狂语云："刀剑刺胸，

---

[1]　吴天跃：《钱俶刻印〈宝箧印经〉与吴越国阿育王塔之关系重考》，《世界宗教研究》2020年第4期，第73-85页。

猛火缠身，辗转反侧，举手谢罪。"爰有一僧，告云："汝愿造塔，书《宝箧印经》安其中，供养香花。"弘偁咽中发件愿两三度，合掌礼谢，即得本心，随喜感叹云："愿力无极，重病忽差。"于时弘偁思阿育王昔事，铸八万四千塔，揩此经，每塔入之。是其一本也，云云。妙哉！大国之僧有此优识；惜哉！小芸之客无其精勤。爰我价募身命，访求正本，京中郊外，蹑履遍问。适于江郡禅寂寺得件经，其本亦多误。然两本相合，互检得失，终获其真，然后日分转经终无倦。夜日诵咒，每夜不眠，渐经三个月。于时空中有声告曰："汝于此经，殷重渴仰，但此经由两译，师所持者先译，多除梵本，其后译者，为之具足也，其本在伊豆国禅院，天下无二本。我常与二十八部大药叉大将等守护彼经。我独感汝精诚，常回汝边，亦告此事。"于时小僧就国司便佻触可书赠彼经之状。遂以康保二年四月十三日送件经。披阅其卷，功能绝妙。耽弄其文，深理染肝。十二分教为砾，是经其中如意珠；八万法蔵（藏）为沙，是经其中紫磨金。一句之味如醍醐，百病万恼，一般消灭；一字之光超日月，铁围沙界，俱时照明。非可忽灭重罪，证佛果者，何得见是经典，闻斯妙理哉。

康保二年（965）岁次乙丑七月廿六日甲午，释道喜记。

日僧道喜的这篇文章记载了他在肥前国刺史处见到一尊铜佛塔，铜塔内藏有一卷《宝箧印经》。《宝箧印经》的题记有明确的纪年，为后周显德三年（956）。铜塔是吴越国王钱俶赐给赴唐求法的日本僧侣日延的。日延天庆年中（938—946）入唐，天历（947—956）之杪回到日本。日延归来后将铜塔献给了肥前国刺史多治比实相。题记的后半部分在谈到钱俶施刻佛经的缘由时，将钱俶与其祖钱镠的身世相混淆，但是题记对于钱俶赐日僧阿育王塔，以及关于塔中藏有钱俶在后周显德三年丙辰岁（956）雕印《宝箧印陀罗尼经》的记载却具有很重要的史料价值。这篇题记可以和志磐的《佛祖统纪》相佐，共同证明钱俶曾铸造金铜宝塔装藏佛经的事迹。

图 37　邹安题跋吴越王钱俶显德二年造铜阿育王塔拓片

近代以来，随着清代金石考古与考据的兴起，吴越王钱俶所造题记为乙卯岁的金涂塔实物不断出现，更进一步证实了文献的记载。光绪三年（1877），金石学家邹安[1]为灵隐饮马桥出土的一尊吴越王金涂塔的拓片所作的题跋，记录了此金涂塔当时陈列于西湖艺术馆内，定价千金（图37）。从拓片上可以看到此尊吴越王金涂塔的造塔题记为"吴越国王／钱弘俶敬造／八万四千宝／塔乙卯岁记"。题记下有宝塔的编号为"保"。从题记可知造塔时间乙卯岁为后周显德二年（955），是道喜题记中记载的后周显德三年丙辰岁（956）雕印《宝箧印陀罗尼经》的前一年。

故宫博物院藏有一座合肥龚心钊旧藏的吴越王钱俶所造乙卯岁铜质阿育王

---

[1]　邹安（1864—1940），字寿祺，一字景叔，号适庐，浙江杭县人。博览古器，考订精详。

塔。通高21厘米，基座边长8厘米。塔上黏有龚心钊墨书题记："己字号金涂塔，张叔未、徐子静、万新陶所递藏，民国己卯得自万氏，合肥龚心钊。"龚心钊旧藏的这尊铜质阿育王塔和1955年浙江桐乡崇福寺塔塔顶出土的铜质阿育王塔（图38）为同模铸造。这两尊同模铸造的"己"字号铜塔由塔顶、塔刹、塔身与塔基四个部分构成。塔顶正中立塔刹，四角立山花蕉叶。塔身四面各铸一幅佛本生故事，分别为"萨埵太子舍身饲虎""尸毗王割肉贸鸽""快目王舍眼"和"月光王施首"。塔身内侧铸造"吴越国王／钱弘俶敬造／八万四千宝／塔乙卯岁记"四行十九字题记，"己"字编号。

1917年，浙江湖州天宁寺石经幢中发现两卷五代吴越显德三年丙辰岁（956）刻本《一切如来心秘密全身舍利宝箧印陀罗尼经》。天宁万寿寺建于南朝陈永定三年（559），为吴兴第一山寺。万寿寺发现的陀罗尼经卷上有吴越国王钱弘俶显德三年丙辰岁（956）的刻经题记。题记与日僧道喜《宝箧印经记》文章所录的题记颇为相符，很可能就是同一版经卷。两个经卷其中一卷现藏于瑞典斯德哥尔摩博物馆，经卷由四纸粘接而成，淡褐色桑皮纸印制。全长222厘米，每纸高7.1厘米，版心高4.8厘米，每行八字为主，卷首题刊"天下都元帅吴越国王／钱弘俶印宝箧印经／八万四千卷在宝塔内供／养显德三年丙辰岁记"（图39）。题记后为经变图扉画。两个经卷中的另一卷现不知其所在。

关于此经卷，王国维先生曾撰有《显德刊本宝箧印陀罗尼经跋》做过考证。全文如下。

　　刻本《一切如来心秘密全身舍利宝箧印陀罗尼经》一卷。高工部营造尺二寸五分，板心高一寸九分半，每行八字或九字，经文共三百三十八行。后空一行，题"宝箧印陀罗尼经"，并前后题共三百四十二行。经前有画，作人礼塔状，广二寸有奇。画前有题记四行，

图 38　"己"字号钱弘俶显德二年乙卯岁（955）造阿育王塔　1955 年浙江桐乡崇福寺塔塔顶出土　浙江省博物馆藏

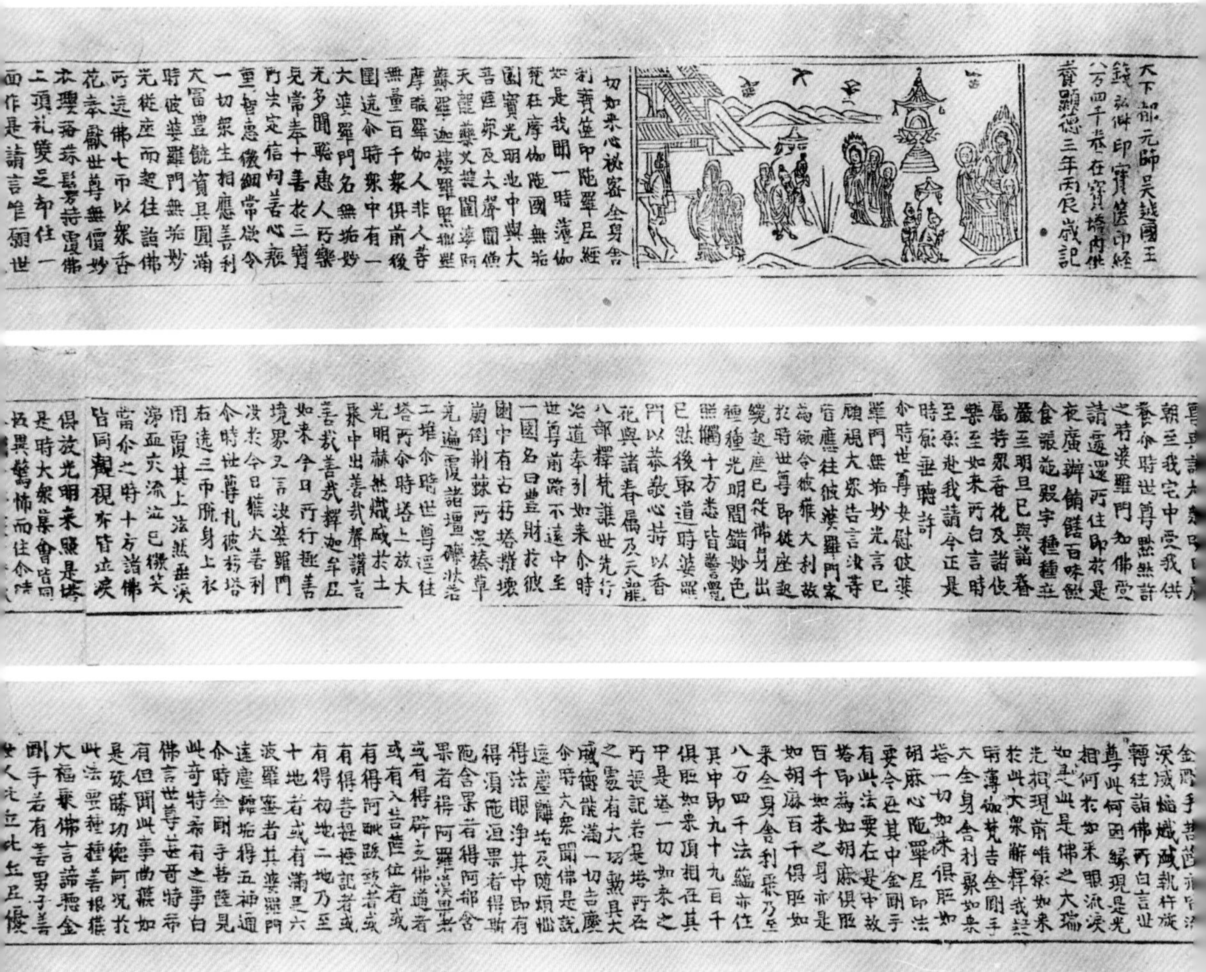

图39 显德三年丙辰岁（956）刻本《一切如来心秘密全身舍利宝箧印陀罗尼经》

瑞典斯德哥尔摩博物馆藏

第三章　钱俶慕阿育王，三次造塔刻经

曰："天下都元帅吴越国王钱弘俶印宝箧印经八万四千部，在宝塔内供养。显德二年丙辰岁记。"近出湖州天宁寺塔中，今归乌程张氏。案：吴越忠懿王所造金涂塔，塔里有题记四行，云："吴越国王钱弘俶敬造八万四千宝塔，乙卯岁记。"此卷刊于丙辰，即在造塔后一年，所印部数亦与塔数同，殆即塔中物矣。考《大唐西域记·摩揭陀国》条云："印度之俗，香抹为泥，作小窣堵波，高五六寸，书写经文以置其中，谓之'法舍利'。数渐盈积，建大窣堵波，总聚于内，常修供养。"又日本神护景云四年（当唐大历三年）所造百万木塔，其中各有刻本《无垢净光经》中《陀罗尼》一卷。（所见有《根本陀罗尼》《相轮陀罗尼》《自心印陀罗尼》《六度陀罗尼》，凡四种。）此小卷画人礼塔象，又刊于造塔之后一年，当亦金涂塔中物，故卷轴极小，正与塔身合。日本百万塔中所有刻本《陀罗尼》，大小亦与此略同，其制当出于唐。是唐大历以前必已有此种印本，而世无传者。小经卷刊本传世者，以此卷为最古。即吾浙古刻之存者，亦以此卷为最古矣。（或云此卷本置于天宁寺石幢下象鼻中，鼻有石楔。近石楔脱落，乃得此卷，未知信否，姑记之，以广异闻。）

　　甲子八月，杭州雷峰塔倾，其砖中空，各藏《宝箧印陀罗尼经》一卷，其前题云："天下兵马大元帅吴越国王钱俶造此经八万四千卷，舍入西关砖塔，永充供养。乙亥八月日纪。"经卷大小与显德刊本略同，则显德本出于石象鼻中之说殆信。[1]

王国维跋文考据，经卷题记"宝箧印经八万四千部"与钱俶造金涂塔题记"敬造八万四千宝塔"的数量相符，经卷刊于显德三年丙辰岁（956），钱俶铸造金涂塔的题记为"吴越国王钱弘俶敬造八万四千宝塔，乙卯（955）岁记"。经卷刊刻于铸造铜塔的后一年，所以此显德三年丙辰岁（956）经卷应为显德二年乙

〔1〕　王国维：《观堂集林·外二种下》，河北教育出版社，2001年，第650-651页。

图40　显德三年丙辰岁（956）刻本《一切如来心秘密全身舍利宝箧印陀罗尼经》1971 安徽无为中学

北宋景祐三年（1036）舍利塔地宫出土　　安徽博物馆藏

卯岁（955）钱俶造阿育王塔中瘗藏之物。后周显德二年（955）五月，周世宗昭告天下，"非敕赐寺额者皆废之"，开始实施一系列的灭佛政策。在此大背景下，钱俶的此次造塔刻经定然是悄然进行，未见史料记载也是情理之中。

吴越国王钱俶于显德三年丙辰岁（956）刻印的宝箧印经还曾发现过一件不同版别的经卷。1971 年安徽无为中学北宋景祐三年（1036）舍利塔地宫出土一卷五代吴越显德三年丙辰岁（956）刻本《一切如来心秘密全身舍利宝箧印陀罗尼经》，现藏于安徽省博物院（图 40）。经卷全长 200 厘米，四纸，每纸高 7 厘米，卷轴装。棉纸印制，卷首有题记"天下都元帅吴越国王 / 钱弘俶印宝箧印经 / 八万……"，后面的文字有缺损。题记之后是经变图扉画。卷尾有两行题记"都勾当印盛秦仁宕 / 陈贻庆僧希果"，表明该经的印造、装盛由僧俗共同完成。全经由四纸粘接而成，第一纸"天下都元帅吴越国王"——"涕血交流泣已微笑"，比天宁寺刻本少两行；第二纸"当尔之时十方诸佛"——"末法逼迫尔时多有"，比天宁寺刻本少四行；第三纸"众生习行非法应堕"——"即说陀罗尼曰"，每行比天宁寺刻本增加一字，第四纸"娜莫悉怛哩也四合地"——"陈贻庆僧希果"，比天宁寺刻本多两行尾题。"种植善根"作"种种善根"，为笔误。[1]

浙江天宁寺本和安徽无为中学地宫本这两卷丙辰岁（956）刻经卷相对照，用纸数量相同，经卷尺寸一致，但四纸的经文起止、行数、每行字数及字体均有不同之处，属于两种不同的版刻。钱俶显德三年丙辰岁（956）刻《一切如来心秘密全身舍利宝箧印陀罗尼经》目前存世发现仅此两卷。

根据乙卯岁铜质阿育王塔的铭文和丙辰岁《宝箧印陀罗尼经》的题记可以

---

[1] 黎毓馨主编，浙江省博物馆编：《远尘离垢——唐宋时期的〈宝箧印经〉》，中国书店，2014 年，第 52 页。

推断，钱俶在周世宗毁佛的显德二年乙卯岁（955）铸造了八万四千尊铜质鎏金阿育王塔，内壁铸铭文"吴越国王钱弘俶敬造八万四千宝塔乙卯岁记"，铜塔内装藏有翌年，即显德三年丙辰岁（956）刻印的《宝箧印陀罗尼经》。这是钱俶仿效阿育王，第一次大规模造塔刻经，传播佛法。

3.2
再度：
北宋乾德三年铸铁质鎏金阿育王塔，刻宝箧印陀罗尼经

> ❝专家学者们将考古发现与文献记载相互验证，关于钱俶铸造金铜阿育王塔一事的脉络便逐渐清晰起来……❞

1971 年浙江绍兴市区物资公司工地（现越城区大善塔）出土一座铁质鎏金的钱俶造阿育王塔。铁塔通高 17.2 厘米，基座边长 10 厘米。铁塔由塔顶、塔刹、塔身与塔基四部分构成。塔顶正中立塔刹，四角立山花蕉叶。塔身四面透雕一幅佛本生故事，分别为"萨埵太子舍身饲虎""尸毗王割肉贸鸽""快目王舍眼"和

"月光王施首"。基座底部有封板，封板上铸有四行铭文："吴越国王俶敬造宝塔八万四千所，永充供养，时乙丑岁记。"考古发现铁塔时，同时发现铁塔内放置一小木筒，长约十厘米，内置一卷《宝箧印陀罗尼经》，一端有一竹套。

1971 年浙江绍兴大善塔出土的此件乾德三年乙丑岁（965）钱弘俶造铁质鎏金阿育王塔中装藏的《宝箧印陀罗尼经》经卷全长 182.8 厘米，纵 8.5 厘米，全卷共四纸，总 220 行，行 10 至 14 字，纸质洁白，墨色精良。卷首题刊"吴越国王钱俶敬造宝 / 箧印经八万四千卷永 / 充供养时乙丑岁记"。卷前印扉画，线条明朗精美，文字清晰悦目（图 41、42）。由此，根据铁塔铭文和所藏《宝箧印陀罗尼经》的题记可知，此次铸塔与刻经发生在同一年，岁在北宋乾德三年（965）。乙丑岁记的《宝箧印陀罗尼经》目前发现仅此一件。

1957 年 1 月文物考古部门在浙江金华万佛塔地宫内发掘出土了众多佛教文物，其中铜阿育王塔十一座、铁阿育王塔四座，是历年阿育王塔发现数量最多的一次（图 43）。铜塔和铁塔上分别铸造有显德三年钱俶造塔题记和乾德三年钱俶造塔题记。万佛塔地宫虽为北宋嘉祐七年（1062）修建，但原址五代时即建有永福寺，宋塔竣工时原供奉在寺内的部分塔像仍被封存于地宫，故地宫所出遗物大多为吴越国后期制作。

1969 年河北定州静志寺塔地宫出土一件乾德三年乙丑岁（965）钱弘俶造铁质鎏金阿育王塔，塔方形中空，外形作单层束腰状，塔下底板铸有四行铭文："吴越国王俶敬造宝塔八万四千所，永充供养，时乙丑岁记。"据学者黎毓敏考证，静志寺塔基地宫位于定州贡院院内，塔基地宫为隋代初建，晚唐改造，北宋沿用。自 1969 年 5 月被发现，出土了大量丰富精美文物，地宫内石碑上的铭文与地宫中出土的文物一一对应，按地宫碑文，静志寺塔瘗埋舍利的时间为宋太宗太平兴国二年（977）五月。故此件铁质鎏金阿育王塔和藏经应该是北宋开宝九年

吴越国王钱俶敬造宝
箧印经八万四千卷永
充供养时乙丑岁记

一切如来心秘密全身舍利宝
箧印陀罗尼经

故塔即为如胡麻俱胝百千如
其中金刚手有此法要在是中
如胡麻心陀罗尼印法要今在
舍利聚如来塔一切如来俱胝
时薄伽梵告金刚手此大全身
惟愿如来于此大众解释我疑
後犹是此是佛之大瑞光相现前
因缘现是此光相何於如来眼流
旋转往诣佛所白言世尊此何
菩萨大众惊怖而住尔时金刚手
同怪异驚而住尔时大众集会皆
上衣甲覆其上法然垂後涕泗
来照是塔是时大众集会皆
佛皆同观视亦皆泣涙俱放光明
日所行趣善境界文言汝婆罗
门汝於今日获大善利尔时世
尊礼彼朽塔右遶三匝脱身
言善哉善哉善哉择迦牟尼如来今
然燃咸花土聚中出善哉声赞

图41　北宋乾德三年乙丑岁（965）刻本《宝箧印陀罗尼经》（局部）

1971 年浙江绍兴市区物资公司工地（现越城区大善塔）出土　浙江省博物馆藏

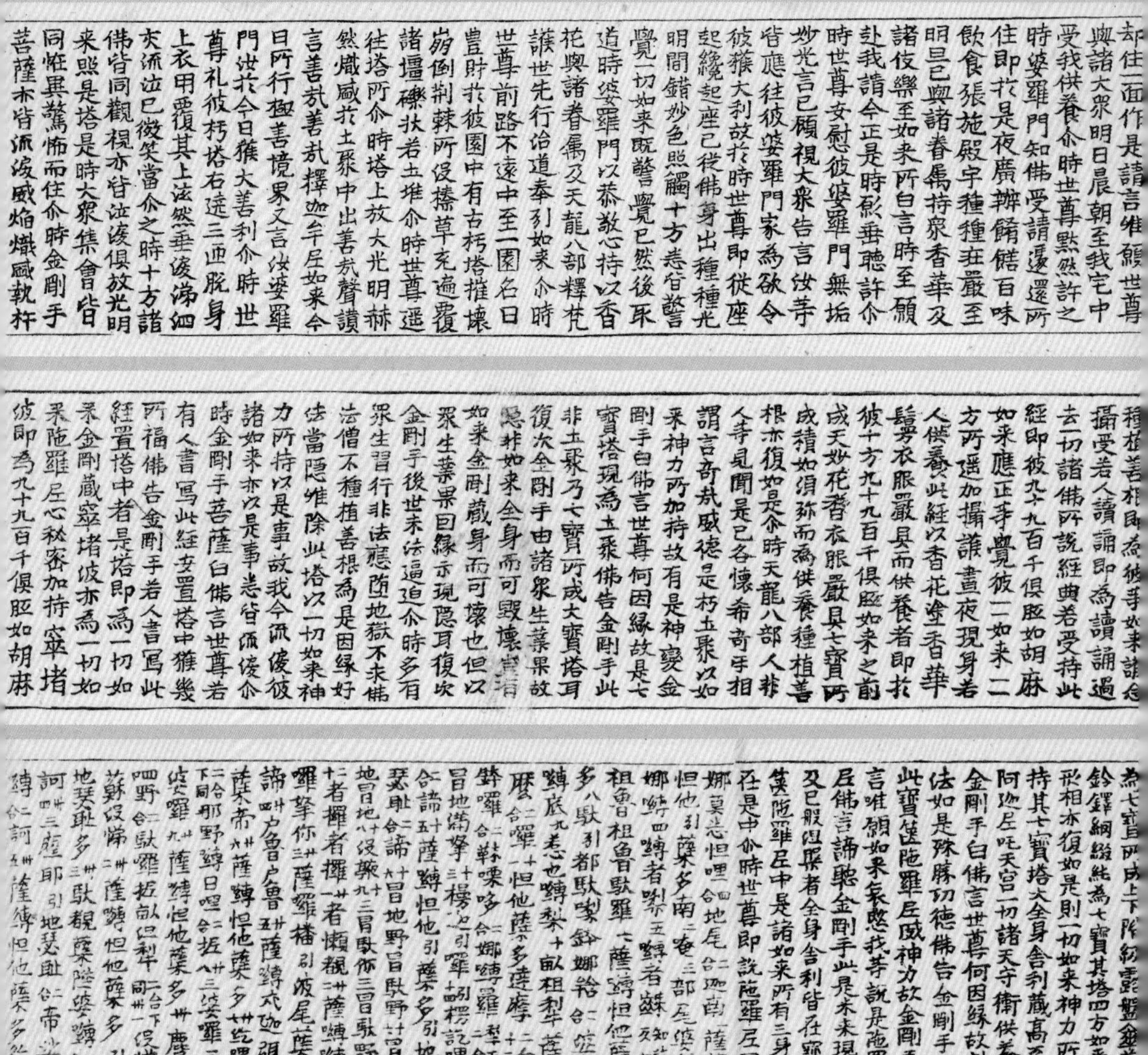

却住一面作是請言唯願世尊
與諸大衆明日晨朝至我宅中
受我供養尒時世尊默然許之
時婆羅門知佛受請遽還所
住即於是夜廣辦餚饍百味
飲食張施殿宇種種莊嚴至
明旦已與諸眷屬持衆香華及
諸伎樂至如来所白言時至願
赴我請尒正是時尒時世尊許
時世尊安慰彼婆羅門無垢
妙光言已顧視大衆告言汝等
皆應往彼婆羅門家為欲令
彼獲大利故於時世尊即從座
起纔起座已從佛身出種種光
明間錯妙色照觸十方悉皆警
覺一切如来既警覺已然後取
道時婆羅門以恭敬心持以香
花與諸眷屬及天龍八部釋梵
護世先行治道奉引如来尒時
世尊前路不遠中至一園名曰
豐財於彼園中有古朽塔摧壞
崩倒荊棘所沒榛草充遍覆
諸壇礫狀若土堆尒時世尊遥
往塔所尒時塔上放大光明赫
然熾盛於土聚中出善哉聲讚
言善哉善哉釋迦牟尼如来今
日所行極善境界又言汝婆羅
門汝於今日獲大善利尒時世
尊礼彼朽塔右遶三匝脫身
上衣用覆其上泫然垂淚涕泗
交流泣已微笑當尒之時十方諸
佛皆同觀視亦皆泣淚俱放光明
来照是塔是時大衆集會皆
同怪異驚怖而住尒時金剛手
菩薩亦皆流淚威焰熾盛執杵

種植善根即為彼等如来誦念
攝受若人讀誦即為讀誦過
去一切諸佛所說經典若受持此
經即彼九十九百千俱胝如胡麻
如来應正等覺彼一一如来二
方所遥加攝護晝夜現身若
人供養此經以香花塗香華
鬘衣服嚴具而供養者即於
彼十方九十九百千俱胝如来之前
成天妙花香衣服嚴具七寶所
成積如須弥而為供養種植善
根亦復如是尒時天龍八部人非
人等見聞是已各懷希奇互相
謂言奇哉威德是朽土聚以如
来神力所加持故有是神變金
剛手白佛言世尊何因緣故是七
寶塔現為土聚佛告金剛手此
非土聚乃七寶所成大寶塔耳
復次金剛手由諸衆生業果故
隱非如来全身而可毀壞豈有
如来金剛藏身而可壞也但以
衆生業果因緣示現隱耳復次
金剛手後世末法逼迫尒時多有
衆生習行非法應墮地獄不求佛
法僧不種植善根為是因緣好
法當隱唯除此塔以一切如来神
力所持以是事故我今流淚彼
諸如来亦以是事悉皆流淚尒
時金剛手菩薩白佛言世尊若
有人書寫此經安置塔中獲幾
所福佛告金剛手若人書寫此
經置塔中者是塔即為一切如
来金剛藏窣堵波亦為一切如
来陁羅尼心秘密加持窣堵
彼即為九十九百千俱胝如胡麻

為七寶所成上下階級露盤傘蓋
鈴鐸網縵純為七寶其塔四方如来
形相亦復如是則一切如来神力所
持其七寶塔大全身舍利藏高至
阿迦尼吒天宫一切諸天守衛供養
金剛手白佛言世尊何因緣故此
法如是殊勝功德佛告金剛手以
此寶篋陁羅尼威神力故金剛手
言唯願如来哀愍我等說是陁羅
尼佛言諦聽金剛手此是未来現在
及已般涅槃者全身舍利皆在寶
篋陁羅尼中是諸如来所有三身亦
在是中尒時世尊即說陁羅尼曰
娜莫悉怛哩四合地尾二合迦南一薩婆
怛他引蘖多南二唵三部尾婆嚩
娜嚩四嚩者嚟五嚩者蘇六知六吉
祖魯祖魯馱羅七薩嚩怛他蘖
多八馱引都馱嚟鉢娜鉾二合娑
嚩底九悉也嚩梨十畝祖梨薩
曆二合囉一十怛他蘖多達摩
鉢囉二合靺嘌多二合娜嚩囉二合鋪
冒地滿拏三十楞迦引囉四十楞訖哩
合諦五十薩嚩怛他引蘖多引地
瑟恥二合諦六十冒地冒馱野廿冒
地冒地七十没蘖八十九十三冒馱你三冒馱野
十二者攞者攞一廿者攞覩二廿薩嚩嚩
囉拏你三廿薩嚩播引波尾蘖
諦四廿户魯户魯五廿薩嚩戍迦弭
蘖帝六廿薩嚩怛他蘖多七廿紇哩
二合娜野嚩日哩二合捉八廿三婆囉三
婆囉九廿薩嚩怛他蘖多麼
呬野二合馱囉捉訶哩一卅没帝
蘇没地二卅薩嚩怛他蘖多
地瑟恥多三卅馱覩蘖陛娑嚩二合
訶四卅三麼耶引地瑟恥二合帝娑
嚩二合訶五卅薩嚩怛他蘖多紇

图 42 北宋乾德三年乙丑岁（965）刻本《宝箧印陀罗尼经》

1971 年浙江绍兴市区物资公司工地（现越城区大善塔）出土 浙江省博物馆藏

一切如来心秘密全身舍利寶
篋印陀羅尼經

如是我聞一時薄伽梵在摩
伽陀國無垢園寶光明池中
與大菩薩眾及大聲聞僧天
龍夜叉揵闥婆阿蘇羅迦樓
羅緊那羅摩睺羅伽人非
人等無量百千眾俱前後圍
遶爾時眾中有一大婆羅門
名無垢妙光多聞聰慧人所
樂見常修十善歸信三寶所
決定向善心慇重智慧微細
常欲令一切眾生圓滿善利
大富豐饒資具圓端時婆利
羅門無垢妙光從座而起往
詣佛所遶佛七匝以眾香花

法蘊亦住其中即九十九百千俱胝
如來頂相若是塔所在之處有
舍利若有如是塔所在之處一切如
来全身亦是塔中即九十九百千
如来之身亦是塔中如胡麻百千
故塔即為如胡麻俱胝百千如
其中金剛手有此法要在是塔中
會利聚如胡麻俱胝百千如來眼
時薄伽梵告金剛手此法要今在
旋轉往詣諸佛所白言世尊此何
因緣現是光相如何現前流
後顧視是是佛之大端光相現前
菩薩布髮流渡威焰熾盛我衆
同恠異驚怖而住介時金剛手
来照是塔是時大衆會皆

其像即為七寶所成其塔
波亦為七寶金繩絞珠綱路盤
夾結德字鈴鐸絞絡為寶一
切如来加持此塔乃有有情能於此
塔種植善根若是若有有情能於此
三藐三菩提必定不退轉於阿耨
阿鼻地獄者若發若有阿耨多羅
言本誓不退轉乃至應墮
一切如来加持此法要加其威力以咸
穰必得鮮脫皆得不退轉於阿
繞多得多猴三猱三菩提及飛像
所徍之處一切如来神力所護其處
不為寒風雷電霹靂驚恐所害又
不為毒蛇毒蝎毒獸所傷
復次若我末法十方諸佛
不為惡星恠鳥鸚鵡鳩鴿虫鼠
狼戰蟒萬里之處亦無諸怖無藥
刀杖水火所傷亦不為非命而死
子童女授持一切龍王加其精氣恒
十八部大藥叉將及日月憧雲曜星
時降雨一切一切利天諸仙三
諸天女等旦夜三時來下供養其
時來集諸眷属晝夜衛護二
佛事已然後往彼娑婆門家受
全身舍利寶篋印陀羅尼廣作
畢頡迦樓羅緊那羅摩睺羅
伽人非人寺皆大歡喜信受奉行

其中金剛手若有得聞是說慶喜
及隨順者得法眼淨其中即有有得
得涓陀洹果者得斯陀含果
者得阿那舍果者得阿羅漢果
者或有得辟支佛道者或有入
菩薩位者或得阿毗跋致者或有
大切熱是大威德能滿一切喜慶
或有得菩提記者或有得初
地二地乃至十地者或有滿足六波
羅蜜者其時金剛手速塵離者
此奇特希有之事白佛言世尊
甚奇特者金剛手速塵離
羅緊那羅摩睺羅伽人如
是殊勝功德何咒於此聞此事高難如
是根五神通者其金剛手復有種
植善根者若即於橋書寫一切
金剛手若有善男子善女人比丘
比丘尼優婆塞優婆夷書寫此
此經典者即橋書寫九十九百
如來所護

訶四三藐耶引地瑟恥曜怛他引
縛伽訶引至薩嚩怛他引蘖多引
多藥觀仁門怛他引蘖多引地瑟
耻合帝帝戶嚕戶嚕三引麼曜引
合娑嚩訶引敬撮羅仁蘖多引怛
他引娑馱都引馱羅仁尾布藥引
敬飾莊嚴妙枳頻仁曜引引地瑟
地瑟恥帝仁布引怛九咐仁怛地
介時世尊說是妙娑嚩訶引此大法
九十九百千俱胝如是法藥汝等
嚴荒釋迦牟尼佛作如是言善男子
讚釋迦牟尼如來現廣大
女末此法要在彼娑婆龍夜叉阿
諸眾生受苦於大衆此皆以智大
善薩草莢引駄都毗部引引
他地瑟單娑引馱引都引毗引
要去置如是法藏於塔中以此大
像中者我等常以威通及其方處
顯力加持誰念護諸佛隨喜於
恒常隨逐擁護其方處於人
全身舍利寶篋印陀羅尼廣作
佛事已然後往彼娑婆門家受
知邊所往大衆此皆以智大法以
寒復婆夷等天龍夜叉揵闥婆阿

此經典者即橋書寫九十九百
此經典者即橋書寫九十九百

一切皆除其家亦無夭橫亦無横
諸天女龍等旦夜三時來下供養其
時來集諸眷属晝夜衛護二
佛事已然後往彼娑婆門家受
舍利寶篋印陀羅尼經

图 43　北宋乾德三年乙丑岁（965）钱俶造铁质鎏金阿育王塔
1957 年浙江金华万佛塔地宫出土　浙江省博物馆藏

（976）钱俶到洛阳朝觐宋太祖期间遣人施舍入塔的。[1]

随着考古发现新材料的逐渐增多，专家学者们将考古发现与文献记载相互验证，关于钱俶铸造金铜阿育王塔一事的脉络便逐渐清晰起来。在钱俶仿效阿育王，于显德二年第一次大规模铸造铜塔、瘗藏刻经的十年之后，又于宋太祖乾德三年乙丑岁（965）再造八万四千座铁质鎏金阿育王塔，铁塔底板上铸铭文"吴越国王俶敬造宝塔八万四千所永充供养时乙丑岁记"，铁塔内瘗藏乙丑岁（965）刻印的《宝箧印陀罗尼经》[2]。这是钱俶仿效阿育王，第二次大规模造塔刻经，传播佛法。

3.3
三刻：
北宋开宝八年造雷峰塔，刻宝箧印陀罗尼经

> **❝** 建塔之时，无人预料雷峰塔的倒圮，更无人能想到，塔中的藏经会成为千年后人们关注的焦点。**❞**

[1]　黎毓馨：《隋代初建、晚唐改造、北宋沿用的定州静志寺塔地宫》，载浙江省博物馆、定州市博物馆编：《心放俗外——定州静志、净众佛塔地官文物》，中国书店，2014年，第22页。

[2]　黎毓馨：《吴越国时期的佛教遗物——以阿育王塔、刻本〈宝箧印经〉、金铜造像为例》，《东方博物》2014年第4期，第12页。

根据考古发现和传世资料确定了历史上钱俶仿效阿育王造塔之举，相隔十年先后两次分别用铜、铁材料各铸八万四千座阿育王塔，瘞藏刻本《宝箧印陀罗尼经》以传播佛法的壮举之后，再来看 1924 年 9 月 25 日雷峰塔倒塌之后，断裂的塔砖中发现《宝箧印陀罗尼经》，佛经刊刻题记为"天下兵马大元帅吴越国王钱俶造此经八万四千卷，舍入西关砖塔，永充供养。乙亥（975）八月日纪"。此版刻经的出现证明钱俶在显德二年乙卯岁（955）和乾德三年乙丑岁（965）相隔十年两次铸造铜、铁塔装藏佛经之后，又于十年之后的开宝八年乙亥岁（975）进行了第三次造塔刻经。刻经之时，佛塔尚未完工，故以地名暂且名之为"西关砖塔"。因佛塔建在西湖边雷峰之上，后人又称之为"雷峰塔"。

1924 年 9 月 25 日，随着雷峰塔的轰然倒塌，塔中瘞藏的北宋刻经立时成为人们关注的焦点，坍塌的佛塔旁一时间人声鼎沸、热闹非凡。之后随着佛经的逐渐散佚，佛塔遗址很快便人去楼空，杂草丛生，一派荒凉。直到 2000 年，中国国家文物局下发了《关于对雷峰塔遗址进行考古发掘的批复》，由浙江省文物考古研究所对雷峰塔遗址进行考古发掘（图44），至此，关于雷峰塔以及雷峰塔内的秘密才终于为世人所了解。

考古发掘之后，考古人员确定了雷峰塔和六和塔一样，同属"套筒式"仿楼阁塔，雷峰塔由外及里依次为外套筒、内回廊、内套筒、塔心室，是吴越国后期典型的佛塔造型。雷峰塔塔高五层，塔身作八边形，对径达 25 米，是现存五代时期佛塔中体量最大的。[1]

佛塔内一般都供奉有佛经，但雷峰塔的藏经方式最为独具匠心。佛经置于藏经砖的小圆孔内，圆孔一头露在砖缘，一头深入砖身，并不横贯，由于经卷的

---

[1] 浙江省文物考古研究所：《雷峰遗珍》，文物出版社，2002 年。

图44 考古现场发掘前(上)、
发掘中（下）

宽度不足 10 厘米，孔洞的设计深度多为 10 厘米，正好与之匹配。待经卷庋藏
其中，外端再以黄泥护封，个别则以木塞封口，巧妙地给藏经营造了一个密封
的保存氛围。这种藏经方式为雷峰塔所特有，特制的藏经砖亦为雷峰塔所专有。
考古挖掘时发现，雷峰塔废墟的中心部位，较好地保留了雷峰塔当年垂直倒塌时
的原状。清理表层的坍塌块体时，常可见到成排的藏经砖被整齐地砌在塔体内部，
而这类藏经砖绝不见于地宫及塔身较低的层位中。考古人员由此推测，藏有经卷
的塔砖只砌在佛塔的顶层，即第五层位置。[1]

　　地宫，也称为"龙宫"或"龙窟"，是佛塔的重要组成部分，一般位于塔
心部位的塔基下方，用以瘗藏佛祖舍利、供养法器及善男信女施舍的财宝。在对

[1]　浙江省文物考古研究所：《雷峰遗珍》，文物出版社，2002 年。

图 45　五代吴越　鎏金银阿育王塔
（2000 年出土）　浙江省博物馆藏

雷峰塔遗址的考古挖掘中，最重要的发现便是在地宫中发现了瘗埋千年的吴越王室供奉佛螺髻发舍利的鎏金纯银阿育王塔（图45）。考古发掘时鎏金纯银阿育王塔被置于地宫正中的铁函内，通高 35.6 厘米，纯银制作。由塔顶、塔刹、塔身与塔基四部分构成。塔顶正中耸立五重相轮塔刹，四角立山花蕉叶（图46）。塔

图 46 　五代吴越　鎏金纯银阿育王塔顶

图47　萨埵太子舍身饲虎

图49　快目王舍眼

图 48　尸毗王割肉贸鸽

图 50　月光王施首

身四面各镂刻一幅佛本生故事，分别为"萨埵太子舍身饲虎"（图47）"尸毗王割肉贸鸽"（图48）"快目王舍眼"（图49）和"月光王施首"（图50）。银塔内藏有奉安"佛螺髻发"舍利的黄金棺。[1]

至此，钱俶效法阿育王第三次造塔，供奉《宝箧印陀罗尼经》一事便完全清晰了。钱俶于开宝八年乙亥岁（975）进行了第三次造塔，只是此次建造的既不是铜塔，也不是铁塔，而是耗巨资在西湖边建造了一座砖塔。建塔的同时，还刊刻了八万四千卷题记为乙亥岁的《宝箧印陀罗尼经》，并被装藏在佛塔内的藏经砖里。在佛塔落成之际，钱俶将吴越王室供奉的"佛螺髻发"舍利装藏在了银质鎏金阿育王塔内，并供奉于雷峰塔的地宫之中。时光流逝近千年，1924年9月25日，随着雷峰塔的倒塌，佛塔藏经砖内装藏的《宝箧印陀罗尼经》遂化身千百，传播四方。而雷峰塔地宫中供奉的银质"佛螺髻发"阿育王塔则是在雷峰塔倒塌的76年之后才经考古发掘而彰显于世。

---

[1]　浙江省文物考古研究所：《雷峰遗珍》，文物出版社，2002年。

雷峰塔，
西湖梦寻

1924 年 9 月，雷峰塔圮，塔经现世，根据雷峰塔经的刊刻年代，学者们有理由将其与钱俶的前两次大规模铸造阿育王塔并刊刻《宝箧印陀罗尼经》装藏佛塔的行为相联系，视之为相隔十年之后的第三次造塔刻经。雷峰塔经刊刻于开宝八年乙亥岁（975），钱俶于太平兴国三年（978）纳土归宋，从此终身再未返回过杭州。由此推测，雷峰塔应该是钱俶在吴越王位上修建的最后一座佛塔。修建雷峰塔耗资不菲，在当时应该是一件非常轰动的大事。但是，钱俶建造雷峰塔的事迹在正史资料中少见记载，其建塔时间找不到任何线索。在南宋文献中，雷峰塔作为名胜建筑被记载在方志中，从中我们可以追寻到雷峰塔的造塔缘起，当然，雷峰塔内装藏有《宝箧印陀罗尼经》一事则无人知晓。

杭州自隋唐以来，经济发展，唐末五代，中原烽火四起，朝代更迭，唯独吴越国保境安民，免遭战火荼毒，钱王纳土归宋之后，东南经济文化得以继续发展。宋仁宗对杭州就有"地有湖山美，东南第一州"的美誉。宋室南渡以后，建炎三年（1129）杭州升为临安府，绍兴八年（1138）又正式定为首都。杭州成为全国政治、经济、文化的中心。

在经济文化繁荣昌盛之下，南宋时期，周淙的《乾道临安志》、赵与懃的《淳祐临安志》和潜说友的《咸淳临安志》相继问世，后人将其并称为"临安三志"。此三志被奉为方志编纂的典范，尤其是三志的编纂者都曾做过临安知府，所以此三志对于南宋都城临安的研究具有重要的价值。查阅三志，我们可以找到关于雷峰塔的最初记载。

《乾道临安志》为三志最早，乾道五年（1169）周淙撰，原为十五卷，明代佚失，今仅残存三卷。主要记述南宋临安的皇室宫苑、朝廷机构、物产风俗、历代牧守。因是残本，此书中未见雷峰塔相关的记载。

《淳祐临安志》淳祐十二年（1252）成书，原为五十二卷，今仅存六卷。《北京图书馆善本书目》依据《永乐大典》中的一篇佚文，宋代陈仁玉撰《淳祐临安志序》，定其作者为赵与慤（字德渊，宋太祖十世孙）。此书对杭州城市的变迁与沿革叙述甚备，系探索南宋以前杭州城市发展情况的重要史料。

《咸淳临安志》是临安三志中篇幅最大，传世最为详备的一部。全书一百卷，是南宋潜说友在任职临安知府时所撰。征材宏富，体例井然，对疆域、山川、秩官、风土、人物等内容均有记载。清代朱彝尊慨叹："宋人地志幸存者，……每患其太简，惟潜氏此志独详。"我们从《咸淳临安志》入手，可以查阅到钱俶修建雷峰塔最初的缘起。

4.1
"临安三志"中的雷峰塔，建塔缘起

> 66 雷峰塔的原名究竟是黄妃塔、皇妃塔
> 还是王妃塔呢？
> 99

《咸淳临安志》第八十二卷"寺观八""雷峰塔"条下有相关文字记载，之后还附有一则钱俶所写的建塔题记：

雷峰塔

在南山，郡人雷氏居焉。钱氏妃于此建塔，故又名黄妃。俗又曰黄皮塔，以其地尝植黄皮，盖语音之讹耳。

记文：吴越王钱俶记。敬天修德，人所当行之。矧俶忝嗣丕图，承平兹久，虽未致全盛，可不上体祖宗师仰瞿昙氏慈忍力所沾溉耶！凡于万机之暇，口不辍诵释氏之书，手不停披释氏之典者，盖有深旨焉。诸宫监尊礼佛螺髻发，犹佛生存，不敢私秘宫禁中。恭率宝贝，创窣波于西湖之浒，以奉安之，规模宏丽，极所未见，极所未闻。宫监弘愿之始，以千尺十三层为率，爰以事力未充，姑从七级，梯旻初志，未满为慊。计砖灰土木油钱瓦石，与夫工艺像设金碧之严，通缗钱六百万，视会稽之应天塔所谓许元度者，出没人间凡三世，然后圆满愿心。宫监等合力于弹指顷，幻出宝坊，信多宝如来分身应现使之然耳！顾元度有所为不逮。塔之成日，又镂华严诸经，围绕八面，真成不思议劫数大精进幢。于是合十指爪而赞叹之。塔曰黄妃云。

吴越国王钱俶拜手谨书于经之尾。（图51）

《咸淳临安志》记录的钱俶此篇题记作于雷峰塔落成之日。从题记可知，建塔的同时还专门镂刻《华严经》碑，环塔围砌八面。钱俶的题记刻于《华严经》碑之尾。建塔当时落成的《华严经》碑在千年岁月中多已破碎零落，而镂刻钱俶此篇题记的《华严经》碑尾则早已不知所终。钱俶这则题记让我们了解到建造雷峰塔的目的是为了供奉佛螺髻发舍利。佛塔的修建与供养极为华丽庄严，题记中说原计划修千尺十三层佛塔，后因事力未充，遂改为七级浮屠。计砖灰土木油钱、瓦石与工艺像设金碧之严，通缗钱六百万。塔成之后定名为"黄妃塔"。

《咸淳临安志》所录关于塔名的这条记载给后人带来不少困扰。同是在《咸淳临安志》卷七十八中，有"显严院"一则，记载如下：

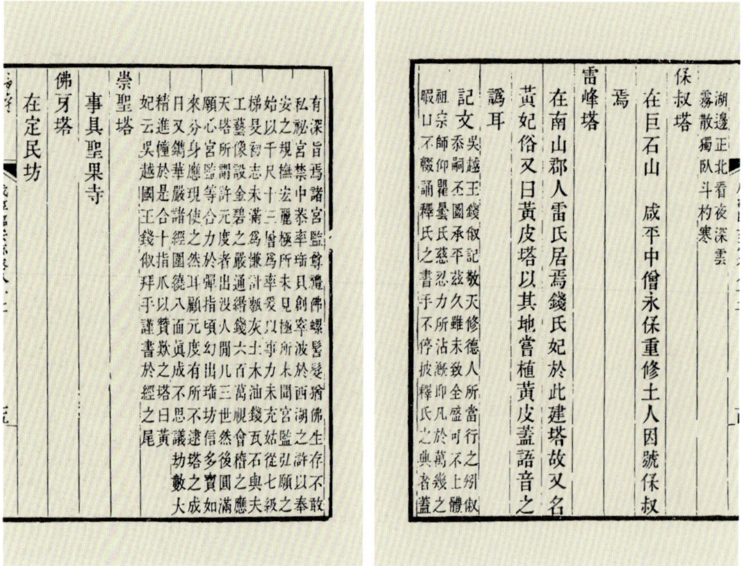

保叔塔 湖邊正北看夜深雲霧散獨臥斗杓寒

在巨石山 咸平中僧永保重修土人因號保叔焉

雷峰塔

在南山郡人雷氏居焉錢氏妃於此建塔故又名黃妃俗又曰黃皮塔以其地嘗植黃皮蓋語音之譌耳

記文 吳越王錢俶記敬天修德人所當行之矧俶忝嗣丕圖承平茲久雖未致全盛可不上體祖宗師仰瞿曇氏慈忍力所沾漸卯凡於萬幾之暇口不輟誦釋氏之書手不停披釋氏之典者蓋有深旨焉諸宮監尊禮佛螺髻髮猶佛生存不敢私祕宮禁中恭率瑞具創窣波於西湖之滸以奉安之規撫宏麗極所未見極所未聞宮監弘願之始以千尺十三層爲率爰以事力未充姑從七級梯旻初志未滿爲慊計甎灰土木油錢瓦石與夫工藝像設金碧之嚴通緡錢六百萬視會稽之應天塔所謂許元度者出沒人間凡三世然後圓滿願心宮監等合力於彈指頃幻出瑞坊信多實如來分身應現使之然耳願元度有所不逮塔之成日又鐫華嚴諸經圍繞八面眞成不思議刼數大精進幢於是合十指爪以贊歎之塔曰黃妃云吳越國王錢俶拜手謹書於經之尾

崇聖塔

事具聖果寺

佛牙塔

在定民坊

图 51 《咸淳临安志》卷八十二

显严院

在雷峰塔。开宝中吴越王创皇妃塔，遂建院。后有雷峰庵，郡人雷氏故居。治平二年赐显严额，宣和间兵毁惟塔存，乾道七年重建。庆元元年塔院与显严始合为一。五年重修，咸淳二年于峰顶创通元亭望湖楼。（图 52）

在此条中，雷峰塔又不作黄妃塔，而记载为皇妃塔。同一部书中同一个地方两条记载的名字却不相同，这给日后雷峰塔的称谓造成了很多的误会。清雍正年间编纂的《西湖志》卷三十一引元白挺《西湖赋》，有“皇妃保叔，双擎窣堵”之语，将塔名定为皇妃塔。清初张岱的《西湖梦寻》卷四中又云雷峰塔“古称王妃塔”的记载。民间更有黄妃塔是为庆祝黄妃产子所建的传说。雷峰塔的原名究竟是黄妃塔、皇妃塔还是王妃塔呢？后世文人学者考察钱俶身世，发现其后

图 52　《咸淳临安志》卷七十八

宫并无黄姓宫妃，所以对于"黄妃塔"一名颇多质疑。俞平伯等学者考证认为，题记中明言"诸宫监""宫监等合力"，可见筑塔之时乃是合力布施，福德广有，并不专属一人。众人合力，谊宜平列，塔名定为"王妃塔"似更为适宜。

时间推进到 21 世纪伊始，2000 年 2 月到 2001 年 7 月间，浙江省文物考古研究所对雷峰塔遗址进行了考古发掘，在雷峰塔的底层发现了吴越国王钱俶亲撰的《华严经题记》原碑残片。这一重要的考古发现为雷峰塔的原名考证提供了重要的新材料。出土的《华严经题记》残碑上明确的记载着"塔因名之曰皇妃云"（图 53）。

"皇妃"者，乃钱俶妻孙氏，本名太真，钱塘人，性端谨而聪明。后周世宗显德六年（959），敕封孙氏为吴越国贤德夫人；北宋建隆元年（960）宋太

图 53　钱俶《华严经题记》残碑

祖敕封吴越国贤德夫人为贤德顺睦夫人；开宝九年（976）正月，孙氏随同钱俶赴汴京朝觐宋太祖，同年三月，朝廷赐封孙氏为吴越国王妃。当时曾有宰臣上言反对，认为"自古异姓诸侯王妻无封妃之制"，宋太祖回答说："行自我朝，何拘旧典？"[1]意思就是，那就从我朝开始吧，表彰忠贤之臣，不必一定要尊

---

〔1〕　[宋]曾巩撰，王瑞来校证：《隆平集校证·卷十二·伪国·吴越·钱俶》，中华书局，2012年，第346页。

古制。封妃之后，钱俶和王妃便返回杭州。冬十月，宋太祖晏驾，宋太宗即位，改元太平兴国。王妃孙氏自汴京回到杭州后不久，即于太平兴国元年（976）十一月薨逝。次年（977）春二月，宋太宗敕赐皇妃谥号。

　　由上述历史事件再联系此件新出土的钱俶《华严经题记》便可推知，雷峰塔经刊刻于乙亥年（975）八月，为北宋开宝八年，这一年雷峰塔正在建造过程中，八月钱俶和吴越大军正在配合北宋攻打南唐都城江宁（今南京）。次年开宝九年（976）三月，孙氏封吴越国王妃。十一月薨。太平兴国三年（978）五月钱俶上表宋太宗，以所管十三州献于宋廷，纳土称臣，从此离开故土，一生再没有返回吴越故国，所以雷峰塔建造完成的时间大致应该是在太平兴国二年（977）间。《雷峰塔经》是在雷峰塔建造期间刊刻完成的，故题记上对于塔名只以地点所在暂时命名为"西关砖塔"。雷峰塔落成之时，钱俶以"皇妃塔"命名，既是为了纪念去世的王妃孙氏，也是为了感恩宋廷封妃赐谥的恩典。钱俶纳土归宋后，塔名又被称为"雷峰塔"。《咸淳临安志》卷八二所录"钱俶雷峰塔题记"中的"黄妃"实为刊刻失误，误将"皇妃"错为"黄妃"，在之后的岁月流传过程中又逐渐衍生出"王妃塔""黄皮塔"等诸多别名。

在 21 世纪初年开始的这次雷峰塔遗址考古发掘过程中，在雷峰塔西侧还挖掘出一块《庆元修创记》残碑。《庆元修创记》的全文著录于《淳祐临安志辑逸》第五卷中，文中描述了雷峰塔曾于宣政兵火中屋宇烬毁的往事。

《淳祐临安志》于清嘉庆十四年才获发现，仅存五至十卷，仅府城、山川两类。书中所收的诗文金石与《咸淳临安志》互有详略。清代胡敬又从《永乐大典》中辑出佚文十六卷四册，后亦散佚，仅存祠庙、寺、院、宫观等四类，编为《淳祐临安志辑逸》八卷，刊入《武林掌故丛书》中。《淳祐临安志辑逸》卷五"显严院"条下引《庆元修创记》，也提供了宝贵的信息：

《庆元修创记》　浮图氏以塔庙为像教之盛，钱王时，获佛螺发，

图 54　《庆元修创记》残碑拓片

始建塔于雷公之故峰。泊宣政兵火，屋宇烬矣！独塔颓然榛翳间。建炎末，有司欲毁之，度其材以修城，忽巨蟒出，绕其下而止。其后军寨于此环塔为藏甲处。一日烈风震霆，摄兵器于外，而局键如故，主将怪其事，迁而他之。灵迹章章如此，四众惊异，娄有志营葺而未克成。乾道七年，有大比邱智友，归自方外，草衣木食，一意兴崇，余二十年乃讫功。佛暨菩萨与种种严饰，胜妙殊绝，得未曾有。先是塔院后即显严院，广慈法师道场，亦经扰攘，居无尺椽，独放光观音像存焉。至普照复兴传之妙诜，甲乙相仍随起随替，且岁凶无宿储，缁徒散落，至是众请友公归，方丈以总其事，实庆元元年也。院旧在塔西，礼奉莫便，及审度地势，更为法堂，与塔对峙，僧堂两庑以及三门翼然，崇新院始合而为一，斋鼓粥鱼，晨香夜灯，梵呗之声不绝。主事修正者实左右之睹是胜事，亦欲缘化置立常庄奉安宿德，阅光明藏为大福田。即倾余囊首舍所有，时大檀越庆国夫人亦助施焉。自是施者累累矣。功有绪求记首末。凡物盛衰成坏关诸时数而存乎心，况佛塔庙龙天护持，经河沙劫所不能坏，但恨其徒志愿不固，不能拂拭补葺作诸芜秽以坏之耳。今友公崇奉如此，而正又欲广置庄田以利无穷。吾知塔有兴无坏耳，正尚一乃心誓不退转，日引月长以积于成，汝一念故，十方现前。尺土之积，百千万亿坏从汝心，则众宝庄严等同瓦砾，一切功德应念消散。人谁起信况复舍施，正其勉之友得法于月堂昌禅师正支之嫡嗣，行力坚克世其家。庆元五年八月十一日迪功郎新果州西充县主簿杨亢志并书。（图54）

　　《庆元修创记》作于南宋庆元五年（1199）。文中所谓"宣政兵火"实为"政宣兵火"，"政宣"是北宋徽宗赵佶的年号政和（1111—1118）与宣和（1119—1125）连在一起的略称。徽宗时期，佞臣当道，在南方兴起"花石纲"，专为皇家搜罗奇石异木等珍稀物品，致使东南民不聊生。北宋末宣和二年，睦州青溪人（今浙江建德）方腊十月间在青溪县发动了起义。十二月底攻陷杭州。《宋史·卷二十二·徽宗四》有如下记载："宣和二年十二月方腊陷杭州，知州赵震遁，廉访使者赵约诟贼死。"明代田汝成辑撰《西湖游览志余》第六卷《版荡凄凉》有云："宣和二年，方腊兵自富阳至杭州，郡守赵鑫（应为震）弃城走。州陷，杀制置使陈健，廉访使赵约，纵火六日，死者不可胜计。"历史上这是雷峰塔第一次经历火劫。在战火中，雷峰塔的塔刹、塔顶、塔檐、回廊、平座等木质结构被焚烧一空，故呈现破败颓倒之貌。从题记可知，雷峰塔虽遭火焚，塔并未倒塌，砖石结构的塔身部分尚保存，甚至可称相当完好，以至南宋初建炎末年有人欲拆塔砖修城，此事因"巨蟒出""绕其下"未得施行，南宋乾道七年（1171）大比丘智友法师发心重修雷峰塔，历二十年修葺完工。至庆元元年（1195）时，塔院也修葺一新。此篇题记为雷峰塔重修于南宋乾道七年的文献依据。

4.2
宋元：诗歌图画中的雷峰塔

> 中峰一径分，盘折上幽云。夕照前村见，秋涛隔岭闻。

史籍中有关西湖、杭州的描述与称颂比比皆是，但这样一座塔在整个北宋（960—1127）却少有记载，即使在大诗人林逋（谥号和靖，967—1028）描写雷峰的诗中也未提及（"雷锋塔""黄妃塔"均未提及），倒是因为"夕照前村见"句为后世"雷峰夕照"的创立提供了最原始的依据。现将林和靖诗《中峰》[1]全录于后：

> 中峰一径分，盘折上幽云。
>
> 夕照前村见，秋涛隔岭闻。
>
> 长松含古翠，衰药动微薰。
>
> 自爱苏门啸，怀贤思不群。

南宋开始，雷峰塔被吟诵入画，日渐增多。从陆游（1125—1210）《与儿辈泛舟游西湖一日间晴阴屡易》一诗中我们可间接看到雷峰塔。诗曰：

> 逢着园林即款扉，酌泉䉤笋欲忘归。
>
> 杨花正与人争路，鸠语还催雨点衣。
>
> 古寺题名那复在，后生识面自应稀。
>
> 伤心六十余年事，双塔依然在翠微。

因泛舟游西湖，此处之"双塔"当指西湖两浮屠，一在湖之南，一在湖之北。湖北者保俶塔，湖南者雷峰塔。因诗中并未明指，故谓"间接"。此时的雷峰塔已是重修后的雷峰塔了。诗中说"六十余年事"，当指六十余年前金人亡宋之事。校之陆游略传，知诗人绍熙元年（1190）即被解职，离开京师。嘉泰二年（1202）在罢官十三年之后，朝廷诏陆游入京，重回临安，一直住到1210年去世。此诗应作于1202年前后，所谓"六十余年"乃诗人记忆中的略数。

《淳祐临安志》第八卷"山川　雷峰"条有相关记录：

---

[1]　[宋]林逋著，沈幼征校注：《林和靖集》，浙江古籍出版社，2012年，第10页。

雷峰

在净慈寺前显严院，有宝塔五层，传收西湖胜迹。云：昔郡民雷就之所居，故名雷峰庵。世传此峰众山环绕，故曰中峰。林和靖有《中峰望北山》一诗云：拂石玩林壑，旷然空色秋；归云带层巘，疏苇际苍洲。固是堪长往，何为难久留。庶将濠上想，聊作剡中游。又《中峰诗》云：中峰一径分，盘折上幽云；夕照全村见，秋涛隔岸闻。长松苍古翠，衰药动微薰；自爱苏门啸，怀贤事不群。

这里所引中峰诗与前述林逋《中峰》略有不同，林诗为"前村见"，此处为"全村见"，虽是一字之差，但表现对象不同。"前村见"是说到了前面村庄才看到夕照景象，此夕照未必是雷峰塔所见，也可指村庄里的夕照景象。而"全村见"显然是指全村均能看到的夕照景象，这种景象应非雷峰塔莫属。由此看来，《淳祐临安志》所录似乎更加合理些。

在此段记载中，我们第一次看到了关于雷峰塔宝塔五层的文字描述。南宋画师李嵩笔下的《西湖图》（图55）和南宋《咸淳临安志》（图56）则为我们保留了最早的关于西湖和雷峰塔的图像资料。

关于李嵩的《西湖图》，清代厉鹗编撰的《南宋院画录》有些记载值得注意。厉鹗《南宋院画录》辑

图55 （传）宋 李嵩《西湖图》 上海博物馆藏

图 56 《咸淳临安志》中的西湖图

录前人文献，系统叙述南宋画院的制度与院画家列传，罗以智补有《年表》，凌霞增《补遗》。全书共八卷。卷一为总述，先有南宋画院画家年表，次有南宋画院简史，还有画家小传。此书虽有未加考证、沿袭所引书之误等，然瑕不掩瑜，其征诸书目甚广，是研究南宋画院画风及画家的重要资料。据《南宋院画录》记载，赵构仿宣和故事，置御前画院。在他主持经营下，画院日趋兴盛，画家李嵩、刘松年、马远、马麟、陈清波等先后以西湖为题材，创作出《西湖图》《西湖十景册》《西湖春晓图》及以四字成句作画题的"断桥残雪""三潭印月""曲院荷风""雷峰夕照""南屏晚钟"等西湖十景。一般认为，十景之名盛行于南宋中期。南宋中期祝穆所撰《方舆胜览》最早记载了西湖十景景目。其卷一载："山川秀发，四时画舫遨游，歌鼓之声不绝。好事者尝命十题，有曰：平湖秋月、苏堤春晓、断桥残雪、雷峰落照、南屏晚钟、曲院风荷、花港观鱼、柳岸（浪）闻莺、三潭印月、两峰插云。"嗣后，吴自牧《梦粱录》卷十二，亦有十景景目，但顺序、个别用字有所不同，仍称"雷峰落照"。此外，画院待诏陈清波曾有《西湖十景写图》，又称"雷峰夕照"。如前所述，"雷峰夕照"是指"雷峰塔"的"夕照"，因此，"落照"也好，"夕照"也好，其义相同。

李嵩笔下描绘的西湖图，天地宏阔，云烟清淡，雷峰塔兀立层霄，飞甍悬铃，塔的造型为江南地方所习见的砖身木檐、五层楼阁式塔。顶上有塔刹、相轮，金碧璀璨。《咸淳临安志》书中刊印的《西湖图》则是带有详细标注的山川地貌图。两幅图的观察角度是相同的，图中的雷峰塔虽然被描绘得简繁各异，但是都绘出了雷峰塔最主要的特点，五层的高塔矗立于西湖边雷峰之上。

曾经的"雷峰夕照"究竟有多美呢？南宋诗人王洧（见《西湖游览志余》卷十"宋时帅参王洧者"条下）的西湖十景诗之第三景"雷峰夕照"有云：

> 塔影初收日色昏，隔墙人语近甘园。
>
> 南山游遍分归路，半入钱唐半暗门。

"甘园"在雷峰塔西，园倚雷峰塔，有四面堂，堂下接翠芳园船坊，可惜今已不存。由此可知，雷峰塔确在南山路，靠近钱塘城西关水门。此诗把塔、园、山、城都写到了，虽然对雷峰塔着墨不多，却浅画成图，画境优美。

南宋张矩《西湖十景》词有"雷峰落照"感慨塔起金轮，千载如昨。[1] 间接地为我们描述了雷峰塔的形象。

---

[1]　唐圭璋编：《全宋词·张矩·又》，中华书局，1965年，第3087页。

磬圆树杪，舟乱柳津，斜阳又满东角。可是暮情堪剪，平分付烟郭。
西风影，吹易薄。认满眼、脆红先落。算惟有，塔起金轮，千载如昨。
谁信涌金楼，此际凭阑，人共楚天约。准拟换樽陪月，缯空卷尘幕。
飞鸿倦，低未泊。斗倒指、数来还错。笑声里，立尽黄昏，刚道秋恶。

元代雷峰塔景况犹盛，钱惟善有一诗《与袁鹏举钱良贵同登雷峰塔，访鲁山文公讲主》[1]，可为佐证。

钱湖门外黄妃塔，犹有前朝进士题。

一字排空晴见雁，千峰照水夜然犀。

周遭地带江湖胜，孤绝山同树木低。

二客共驰千里日，故乡各在浙东西。

在同一首诗里"雷峰塔"与"黄妃塔"两个名称并存，说明当时确实一塔两名。此外，该塔还可以攀登、能够题名的。

另有两首诗词，一为元人《和西湖竹枝词》[2]

黄妃塔前西日沉，采菱日日过湖阴。

郎心只似菱刺短，妾意恰似湖水深。

---

〔1〕 　[清]翟灏撰，顾莉丹点校：《湖山便览·卷七　南山路·雷峰》，浙江古籍出版社，2016年，第204页。

〔2〕 　[元]杨维桢著，邹志方点校：《杨维桢集　附录·四　时人和作·和西湖竹枝词·又》，浙江古籍出版社，2017年，第1334页。

二为椿[1]之《谒杨廉夫》[2]一诗云：

> 杨雄宅外好修竹，黄妃塔前多翠微。
>
> 自爱高文每相见，莫怪短筇来叩扉。

从这两首诗可以看出，"黄妃塔"这个别名在民间尤为盛行。

元代散曲之小令有一首无名氏的《南吕·骂玉郎过感皇恩采茶歌》[3]完全把"雷峰夕照"描绘成蓬莱、瀛洲了：

> 钱塘自古繁华胜，和靖咏子瞻评，西湖堪与西施并。浓淡妆，昼夜观，俱相趁。宜雨宜晴，堪赏堪称。曲岸边草茸茸，高峰畔云淡淡，断桥下水泠泠。临荷浦视鱼，傍柳岸闻莺。游竹院，玩葛岭，压兰亭。云出岫罩南屏。日衔山遇西林。现出那雷峰晚照似蓬瀛，九井三潭五云生，六桥烟柳胜丹青。

元人尹廷高[4]的诗在《西湖十咏·雷峰落照》[5]中把雷峰塔描写得十分高峻雄美：

---

〔1〕　椿，字大年，吴中大族，沈太傅八叶孙。以诗名丛林中。游钱塘南北两峰诗最多，与南屏报上人赋咏争奇。早卒。

〔2〕　〔清〕顾嗣立、〔清〕席世臣编，吴申扬点校：《元诗选癸集·癸之壬上　释子·椿·谒杨廉夫》，中华书局，2001年，第1424页。

〔3〕　隋树森编：《全元散曲·无名氏·小令·〔南吕〕骂玉郎过感皇恩采茶歌》，中华书局，1964年，第1680页。

〔4〕　尹廷高，字仲明，号六峰。遂昌（今属浙江）人。曾在宋元易代的兵乱中转徙他乡，宋亡二十年之后才回到故乡。入元任温州路儒学教授，秩满曾北游京师。又于元成宗大德年间任处州路儒学教授。后以病辞归故里。与虞集友善，为虞集题邵、陶二庵。著有《玉井樵唱》三卷（或作《玉井樵唱正续稿》），今有传本。《元诗选》初集选入尹廷高诗五十三首，并认为其诗学得自家传。

〔5〕　杨镰主编：《全元诗·第十四册目录·尹廷高·西湖十咏》，中华书局，2013年，第7页。

烟光山色淡溟濛，千尺浮图兀倚空。

湖上画船归欲尽，孤峰犹带夕阳红。

4.3
明清以降：
再遭火劫，似老衲，如醉翁

> **❝** 何处高峰无夕照，斜阳此地独标名。
> 钱王遗迹犹堪指，爱是山头塔影横。 **❞**

　　南宋以后，雷峰塔何时再遭劫难，被烧毁成后来所熟知的残破的模样，历代说法各异。普遍接受的说法是明代毁于倭寇。陈汉民、洪尚之的《雷峰塔兴衰述论》一文记录，明嘉靖三十三年（1554），倭寇侵入杭州湾，围攻杭州城，地方政府为了抵御便在杭州城外坚壁清野，备战坚守。为了防止倭寇以城郊建筑作为攻城据点，杭州城外大批民房、寺观被明守军拆毁，著名的古刹昭庆寺亦被烧成灰烬。明嘉靖三十四年（1555），倭寇大举进犯，杭州被围。清代陆次云在《湖壖杂记》中记载："嘉靖时东倭入寇，疑塔中有伏，纵火焚塔，故其檐级皆去，赤立童然，反成异致。"[1]陆次云此条记载后来又被伊秉绶[2]《谈征·事部·雷峰塔》所引用。虽为清代人记明代事，未必完全可靠，但雷峰塔的转折是显而易见的。

明代田汝成[3]的《西湖游览志》初刻于嘉靖二十六年（1547），成书当在稍前，即使按十年前计算，也尚在嘉靖十六年，田汝成于"雷峰塔"条目增加诸多内容，却对"东倭入寇""纵火焚塔"一事只字未提，足见陆次云所记之事尚未发生。《西湖游览志》第三卷《南山胜迹》[4]中对彼时的雷峰塔基本情况有较为完整的记录。

> 雷峰者，南屏山之支脉也。穹窿回映，旧名中峰，亦曰回峰，宋有道士徐立之居此，号回峰先生；或云有雷就者居之，故又名雷峰。吴越王妃于此建塔，始以千尺十三层为率，寻以财力未充，姑建七级，后复以风水家言，止存五级，俗称王妃塔。以地产黄皮木，遂讹黄皮塔。俗传湖中有白蛇、青鱼两怪，镇压塔下。其旁旧有显严院、雷峰庵、通玄亭、望湖楼，并废。

---

[1]　转引自陈汉民，洪尚之：《雷峰塔兴衰述论》，《浙江学刊》1996年第1期，第98页。

[2]　伊秉绶（1754—1815），福建汀州府宁化人，人称"伊汀州"。字组似，一字墨卿，号默庵、南泉，别署秋水，居室曰留春草堂。以书画名世。先后官惠州知府、扬州知府等。

[3]　田汝成（约1503—1557），字叔和，一字叔禾，钱塘（今浙江杭州）人。嘉靖丙戌进士，授南刑部主事，历礼部祠祭郎中，出为广东金事，迁贵州金事，转广西右参议，终福建提学副使，罢归。博学，工古文。所著有《田叔禾集》《西湖游览志》《辽记》《龙凭纪略》《行边纪闻》《武夷游咏》《九边志》《西粤宦游记》等。《西湖游览志》二十四卷、《志余》二十六卷，自序云五岳山人黄勉之尝谓西湖无志，犹西子不写照，《霓裳》不按谱，希望田氏图之。于是缃集见闻，辑撰此书，叙列山川，附以胜迹，揭纲统目，为卷二十有四，题曰《西湖游览志》。裁蕞之遗，兼收并蓄，分门汇种，为卷二十有六，题曰《西湖游览志余》。其书多纪湖山之胜，于南宋史事尤多，可广见闻，并可以考文献。《志余》则摭拾南宋旧闻。

[4]　[明]田汝成辑撰，中华书局上海编辑所编辑：《西湖游览志·第三卷　南山胜迹》，中华书局，1958年，第33-34页。

　　文中随后引了林逋的"中峰一径分"和"拂石玩林壑"两首诗（本书前文已录，此不复述），历史上的志书习惯后志抄前志，此处提供的雷峰塔相关信息大致沿袭了宋、元时代的记录。若有新增信息的话，那就是把"止存五级"的原因解释成"风水家言"，也许这只是为重建七级的困难找了个体面的说法。此外，白蛇传故事的原始形态被引入志书，但对塔的形制不构成影响。

　　我们从明代文人的诗词中，可以看到雷锋夕照图景的逐渐变迁。聂大年[1]的《西湖十景》组诗有《雷峰夕照》一诗[2]：

> 宜雨宜晴晚更宜，西湖端可比西施。
>
> 霞穿楼阁红光绕，云卷笙歌逸韵随。
>
> 山紫翠中樵唱远，树苍黄外马归迟。
>
> 何人解画潇湘景，并与渔村作二奇。

　　此处已明确指出雷峰夕照的景观特征，即"宜雨宜晴晚更宜"。

　　马浩澜西湖十景《南乡子》的《雷峰夕照》词[3]：

> 高塔耸层层，斜日明时景倍增。常是游湖船拢岸，寻登，看遍千峰紫翠凝。
>
> 暮色满舟棱，留照溪边扫叶僧。鸦背分金犹未了，生憎，几处人家又上灯。

---

[1]　聂大年（1402—1456），江西临川县人。一目重瞳子，颖悟绝伦。举明经，为仁和县学教谕，温良乐易，襟宇粹然，善于化导。士熏其德者，咸知敬仰。为文典丽，诗尤俊逸。工于书翰，得李北海家法，海内得其片纸皆珍贵之。荐入翰林，修宋、辽、金三史。人比之为梅圣俞云。为人寡欲，历官九载，不以家自随。

[2]　[明]聂大年撰，陈斯风点校：《东轩集选·补遗卷上　诗·雷峰夕照》，浙江古籍出版社，2019年，第58页。

[3]　邓子勉编：《明词话全编·田汝成词话》，凤凰出版社，2012年，第1420页。

图 57　竹庵《雷锋夕照》

雷峰塔分层的感觉鲜明、强烈，而且还能攀登、观望，此时塔应仍是未焚前的完整形象（图 57）。

考之历史，倭寇之患自嘉靖十年即已出现，嘉靖二十五年（1546）后逐渐猖獗。倭寇大掠闽浙沿海，甚至深入内地，至嘉靖四十年（1561）倭患渐平。雷峰塔被焚当在嘉靖三十年（1551）前后。在这场劫难之中，雷峰塔仅剩下砖砌的塔身。在明代画家周龙于万历三十六年（1608）所绘的《西湖全景图》中，雷峰塔已无平座、腰檐及塔刹、相轮，整体呈残破的状态（图 58）。

图 58　明　周龙《西湖全景图》（局部）　浙江省博物馆藏

　　明代李流芳曾较为详细地记录过此事。他在《西湖卧游册跋语·雷峰暝色图》中写到："吾友子将尝言'湖上两浮屠，雷峰如老衲，宝石如美人'，予极赏之。辛亥，在小筑，与方回池上看荷花，辄作一诗，中有云'雷峰倚天如醉翁'，印持见之，跃然曰：'子将"老衲"不如子"醉翁"尤得其情态也。'盖予在湖上山楼，朝夕与雷峰相对，而暮山紫气，此翁颓然其间，尤为醉心。然予诗落句云'此翁情淡如烟水'，则未尝不以子将'老衲'之言为宗耳。癸丑十月，醉后题。"[1]李流芳（1575—1629），字茂宰，一字长蘅，善诗文，工书画，精通印刻，是南直隶苏州府嘉定县南翔镇（今属上海）人，祖籍徽州府歙县丰南（今属安徽）。万历三十四年（1606），流芳曾与钱谦益偕举于南京，天启二年（1622），再次赴考，抵达京郊时，惊闻辽东战事不利，国势垂危，愈加悲观，遂弃考而返，绝意仕进，以读书奉母为事，优游于林泉。李流芳可以说是真正的明末人，《西湖卧游图跋语》中的"辛亥"年是万历三十九年（1611），李时年 37 岁，因将雷峰塔比作"醉翁"，受到印持和尚的赞赏，此时距焚塔时间已有六十余年，雷峰塔更是老态龙钟。其友子将是"湖上两浮屠，雷峰如老衲，宝石如美人"的创言者，时间也当于此前不久，故而能引起朋友间的讨论。

　　不论将雷峰塔比作"老衲"还是"醉翁"，但自此以后，对西湖两浮屠的美学评价则几成定论："宝石如美人，雷峰如老衲。""宝石"是山名，其上之塔为保俶塔。自此以后，雷峰塔就以西湖边一位饱经沧桑，清寂空寥的老僧形象，矗立在中国十六世纪以后的各种文化记忆之中。

　　入清后，康熙、乾隆皆醉心江南，尤其是对杭州西湖情有独钟。康熙曾五次南巡，五到杭州，后两次索性直接住到西湖内孤山行宫，他还亲自为十景御书

---

〔1〕　〔明〕李流芳撰，李柯辑校：《李流芳集·卷十一·西湖卧游册跋语·雷峰暝色图》，浙江人民美术出版社，2019 年，第 227 页。

题字，立碑建亭。但康熙将"雷峰夕照"改成"雷峰西照"，大约后者不如前者雅致，并未能流行。

清代亦有不少精彩的诗文描绘雷峰塔。朱彝尊[1]的散曲《北仙吕一半儿·净慈》[2]将断塔入曲，颇为有名：

冷云山寺画屏秋，断塔雷封残照留，孤汉酒村风幔收。载归舟，一半儿莲蓬一半儿藕。

在朱彝尊笔下，雷峰塔乃颓垣败壁之残塔，既未复原，亦未重建，似在风雨飘摇中自然零落。

似乎是与朱彝尊呼应，清人厉鹗[3]也有一首散曲小令《北双调清江引》，题为《雷峰夕照》[4]：

黄妃塔颓如醉叟，大好残阳逗。浑疑劫烧余，忽讶飞光候，渔村网收人唤酒。

〔1〕 朱彝尊（1629—1709），字锡鬯，号竹垞，又号醧舫，一作鸥舫，晚称金风亭长、小长芦钓鱼师，浙江秀水（今嘉兴）人。竹垞博洽，勤于著述，诗文及词，均有声于时；于词崇奉姜夔、张炎，为浙西词派创始者。著有《日下旧闻》四十二卷、《经义考》三百卷、《曝书亭集》八十卷。编有《词综》三十卷、《明诗综》一百卷。

〔2〕 谢伯阳、凌景埏编：《全清散曲·散曲·朱彝尊·小令·〔北仙吕一半儿〕·净慈》，齐鲁书社，2006年，第543页。

〔3〕 厉鹗（1692—1752），字太鸿，浙江钱塘（今杭州）人。先世家于慈溪，徙居钱塘，故以四明山樊榭为号。康熙五十九年（1720）举人。乾隆初，召试鸿博报罢。擅诗词，为浙西词派主要作家。性嗜读书，尝馆扬州小玲珑山馆数年，尽探马氏兄弟所藏秘牒。鹗平生留心金石碑版，精熟辽宋史实，著有《樊榭山房集》《宋诗纪事》《湖船录》《东城杂记》《玉台书史》《南宋院画录》《秋林琴雅》《辽史拾遗》，另有杂剧《迎銮新曲（百灵效瑞）》一种，又与查为仁同撰《绝妙好词笺》。

〔4〕 谢伯阳、凌景埏编：《全清散曲·散曲·厉鹗·小令·〔北双调清江引〕·雷峰夕照》，齐鲁书社，2006年，第793页。

第四章　雷峰塔，西湖梦寻

　　有趣的是，明代的"老衲"到了清代又变回了"醉叟"，而且可以看出，"黄妃塔"之名非常流行。

　　乾隆六次南巡，六次驻跸西湖，遍游西湖，写下诗章若干，如《西湖十景诗》《龙井八咏》《十八景诗》等，其中写于1751年的《雷峰夕照》云：

　　　　何处高峰无夕照，斜阳此地独标名。

　　　　钱王遗迹犹堪指，爱是山头塔影横。

　　这首诗中，弘历也强调吴越王钱俶的创建与雷峰塔造型之独特。根据乾隆三十一年高晋等编写的《南巡盛典》推测，至少在乾隆三十六年（1771），雷峰塔仍为残状，也就是说，即如乾隆盛世，雷峰塔亦未得到修复。

　　乾隆年间董诰[1]绘《西湖十景雷峰夕照图并诗》：

　　　　浮屠高矗与云齐，问景偏宜日色西。

　　　　千叠湖波漾金碧，六桥掩映是苏堤。

　　晚清入民国后隐居在西湖边的陈曾寿曾用一首《浣溪沙》描写"雷峰夕照"之美：

　　　　修到南屏数晚钟，目成朝暮一雷峰。缥黄深浅画难工。

　　　　千古苍凉天水碧，一生缠绻夕阳红。为谁粉碎到虚空。

　　一句"修到南屏数晚钟"（图59），包涵了多少的珍惜、感慨与无尽赞叹！

---

[1]　董诰（1740—1818），字蔗林，浙江富阳人，尚书邦达子。乾隆二十八年进士，殿试进呈卷列第三，高宗因大臣子，改二甲第一。选庶吉士，即预修国史、三通、皇朝礼器图。散馆，授编修。诰承家学，继为侍从，书画亦被宸赏，尤以奉职恪勤为上所眷注。累迁内阁学士。后擢工部侍郎，调户部，历署吏、刑两部侍郎，兼管乐部。充四库馆副总裁，接办全书荟要，命辑满洲源流考。又命为军机大臣，加太子少保，擢户部尚书。

图 59 "南屏晚钟"碑亭与雷峰塔（老照片 摄于 1927 年）

雷峰塔藏经：远尘离垢，及随烦恼

向善心般重合慧後細常
欲令一切衆生相應善利
大冨豐饒資具圓滿時彼
婆羅門無力妙光從座而
起往諸佛所遶佛七匝以
衆香花奉獻　尊無傾妙
玄嬰珞珠鬘持覆佛上頂

雷峰塔于 1924 年两浙战争中轰然倒塌，吴越国沉寂近千年的《宝箧印陀罗尼经》就此横空出世，获得了广泛的关注与传播。文博专家们根据考古发现，结合史料记载得出结论，钱俶分别于显德二年乙卯岁（955）和乾德三年乙丑岁（965）相隔十年两次铸造八万四千铜、铁阿育王塔，宝塔中装藏的就是《宝箧印陀罗尼经》。之后钱俶再次于十年之后北宋开宝八年乙丑岁（975）刊刻《宝箧印陀罗尼经》，并于西湖之滨修建了雷峰塔来装藏此经。我们自然想知道：钱俶前后三次大规模造塔，所刻印装藏的这部《宝箧印陀罗尼经》究竟因什么奥妙而获得如此特殊的重视呢？

5.1
雷峰塔藏经与译经大师唐三藏不空

> **66** 在雷峰塔下出现《宝箧印陀罗尼经》不是意外、偶然之事。**99**

《一切如来心秘密全身舍利宝箧印陀罗尼经》，简称《宝箧印陀罗尼经》，也可称《宝箧印经》或《宝箧印咒经》，此经收录在《大正新修大藏经》之密教部第十九卷。经文揭示众生本有佛性。释迦牟尼佛告诉金刚手菩萨，如果众生书写此经或将经卷置于塔中，该塔即成为一切如来金刚藏窣堵坡。"窣堵坡"者，也称窣都婆、卒塔婆等，梵文为 स्तूप，是"塔"的名称来源。原为印度地区墓地坟包式样，后在印度、巴基斯坦、尼泊尔等南亚国家及泰国、缅甸等东南亚国家普遍使用。佛教传入中国后，窣都婆中因通常储放佛陀、高僧舍利而被称为舍利塔、佛塔、浮屠塔。按照此经的说法，存放了《宝箧印陀罗尼经》的舍利塔或佛塔，即成为被一切如来陀罗尼心密加持的塔，将被一切如来神力所护佑。

"宝箧印"指的是宝箧印式塔，亦称宝箧印塔、金涂塔、阿育王塔。宝箧印式塔造型平面四方，由塔顶、塔刹、塔身与塔基四部分组成，其中塔顶多在塔身上四角向上翻挑，形象地被称为"山花蕉叶"。此类塔的形制由古印度的窣都婆发展而来，最早用于供奉宝箧印陀罗尼和《宝箧印陀罗尼经》，或可供奉佛舍利，因经卷有云，若将本经书或陀罗尼咒置于塔中，此塔就是九十九百千万俱胝如来窣堵坡，为一切如来所加持护佑。"俱胝"是佛教常用数量词，意为"千万"。后来宝箧印塔逐渐成为纪念性的结构，在藏传佛教中亦有小型宝箧印塔，可供于佛龛前，造型大者则可作为寺庙中的浮图塔。

宝箧印式塔在三国时代开始建造，北魏云冈石窟、隋唐时南响堂山石窟、敦煌壁画中都有此塔造型。五代时期，因吴越国王钱俶仿阿育王造塔八万四千，宝箧印式塔得到广泛发展，甚至流传到日本。宋、元、明、清各代也建造有宝箧印式塔，多分布在长江以南，北方少见。

"陀罗尼"是音译，意思是总持、能持、能遮、遮持，"持"的意思是"无所漏忘"，"能持"的意思是"持诸善法，不令漏失"，"能遮"有"遮诸恶法，不令得起"之意。概括地说，"陀罗尼"意思是"持善不失，持恶不生"。此外，"总持"亦可解释为"对经典的文字、义理、修行功德，皆悉持守"。由此可见，在雷峰塔下出现《宝箧印陀罗尼经》不是意外、偶然之事，这部经文与雷峰塔共同以"一切如来神力"之名护佑着吴越国上至君王、下至百姓的江山。

《宝箧印陀罗尼经》由唐代"开元三大师"之一、三藏法师高僧不空所译。三藏法师是一种敬称，指精通佛教圣典"经、律、论"三藏并诵持不忘的佛教僧侣法师。中国历史上最著名的三藏法师是唐朝的玄奘（602—664），唐代僧众尊称他为"大唐三藏"，后世民间文学如《西游记》中的"唐三藏"就是此人。众所周知，玄奘，俗姓陈祎，洛州缑氏县（今河南省洛阳市偃师区南境）人，他师承印度那烂陀寺戒贤大师，成为中国佛教法相唯识宗的奠基人。玄奘被誉为中国四大翻译家之一，也是汉传佛教最伟大的译经师之一。由玄奘口述、弟子辩机撰文的《大唐西域记》为研究古代印度历史的重要文献。但另一方面，玄奘的成就导致今日大众常误解"三藏"是玄奘的专属称号，事实上，著名的三藏法师不止玄奘一人，还有汉代安世高、后秦鸠摩罗什、晋代法显、南朝求那跋陀罗等。翻译《宝箧印陀罗尼经》的不空就是唐代著名的三藏法师。

唐代开元年间，有三位印度僧人善无畏、金刚智和不空法师来到中国译经传法，创立了中国的佛教密宗。密宗后经发展，成为中国佛教八大宗派之一，佛教史上称这三位印度僧人为"开元三大士"，其中金刚智和不空法师为师徒。

不空（705—774）（图60），具名不空金刚，音译为阿目佉跋折罗。据宋代赞宁法师所撰《高僧传》记载，阿目佉跋折罗中文意思即为不空精钢止行，"止行"二字通常略去。不空是佛教译经师，乃唐密祖师之一，特别着力于金刚顶瑜伽部和杂密中金刚大道场经的一字佛顶法，对文殊咒藏的阎曼德迦法、金翅鸟法、摩利支法等亦有研究，撰有《总释陀罗尼义赞》等著作。

不空是南天竺师子国人（亦称狮子国，即现斯里兰卡），属北天竺婆罗门族。自幼聪颖，开元六年（718），十四岁的不空在阇婆国（现爪哇岛）依止其师金刚智。

师父起初教导他梵语《本悉昙章》及《声明论》，十天左右不空就可通晓。金刚智知道其天赋异禀，遂与其受菩萨戒，引入金刚界大曼荼罗，验以掷花，知后大兴教法，洎登具戒，善解一切有部的佛典。

开元八年（720）左右，不空随金刚智到洛阳。开元十二年（724），于广福寺依说一切有部律仪受具足戒。因才华出众，通晓多种语言，金刚智出经时，常请不空作译语。开元二十九年（741），唐玄宗准许金刚智返回天竺，但当年

图 60　日本京都教王护国寺藏唐李真《不空金刚像》

八月行至洛阳时，金刚智圆寂。十二月，不空率弟子含光、惠辩等三十七人从广州出发，过诃陵国（现爪哇中部），历经艰险，于次年到达狮子国（今斯里兰卡），受到国王的隆重欢迎。而后不空拜见普贤阿阇黎，恭敬供养，普贤遂给不空及含光、惠辩授五部灌顶。不空非常勤奋，"经余三岁，寝食无安"，精通了各种仪轨、造像、坛法，通过天竺游历，还搜集了许多经论梵本。

天宝五年（746），不空携狮子国王的国书和八十部陀罗尼教金刚顶瑜伽经、二十部大小乘经论共计一千二百卷法宝回到大唐首都长安，奉敕暂住鸿胪寺（鸿胪寺为中国古代官署名，主要掌朝会仪节、迎宾等）。不久不空入宫为唐玄宗灌顶，后移居净影寺翻译、传法。因祈雨止风有神效，唐玄宗赠号"智藏"。天宝八年（749），唐玄宗允准不空回国，但他路途中因染疾止于广东韶州。后来，不空赴长安居保寿寺、武威城开元寺灌顶传法。天宝十四年（755），"安史之乱"爆发，次年长安陷落，唐玄宗逃往四川，唐肃宗在灵武登基，至德二年（757）肃宗还都，不空奏表祝贺，当时他住锡于陕西小寨汉传佛教密宗寺院大兴善寺，他曾上表奏请搜求梵本，以备翻译，得到敕许。永泰元年（765），唐代宗授不空特进试鸿胪卿，号大广智三藏。永泰二年（766），不空奏请于五台山建金阁寺，代宗敕准。金阁寺是汉族地区佛教全国重点寺院之一，据说，金阁寺是不空根据杭州名僧道义禅师在五台山礼佛所见"金阁浮空"图像建造的。[1]大历六年（771）10月12日，唐代宗诞辰日，不空以自天宝年间至大历六年所译佛经共一百二十余卷七十七部并目录及笔受等僧俗名字，兼略念诵仪轨等写毕进献，皇帝御敕将其编入一切经目录中。大历九年（774）6月15日，不空圆寂，遗言"无殉利以辱身，勿为名而丧道"，世寿七十，僧腊五十。据其碑铭《唐大兴善寺故大德大辨正广智三藏和尚碑铭》记载，不空大师于玄宗、肃宗、代宗三朝皆为灌顶国师。灭度于京师大兴善寺后，代宗哀悼，辍朝三日，追赠司空，追谥大辨正广智三藏和尚。伊年九月诏以舍利起塔于旧居大兴善寺。

因雷峰塔倒而被世人重新发现的《宝箧印陀罗尼经》就是不空三藏在唐肃宗、唐代宗时期所译。《不空和尚碑》（图61）今存于西安碑林，现将碑文全文敬录于此：

---

[1]　谢宇主编：《历史的记忆　文化与自然遗产博览1》，花山文艺出版社，2013年，第107页。

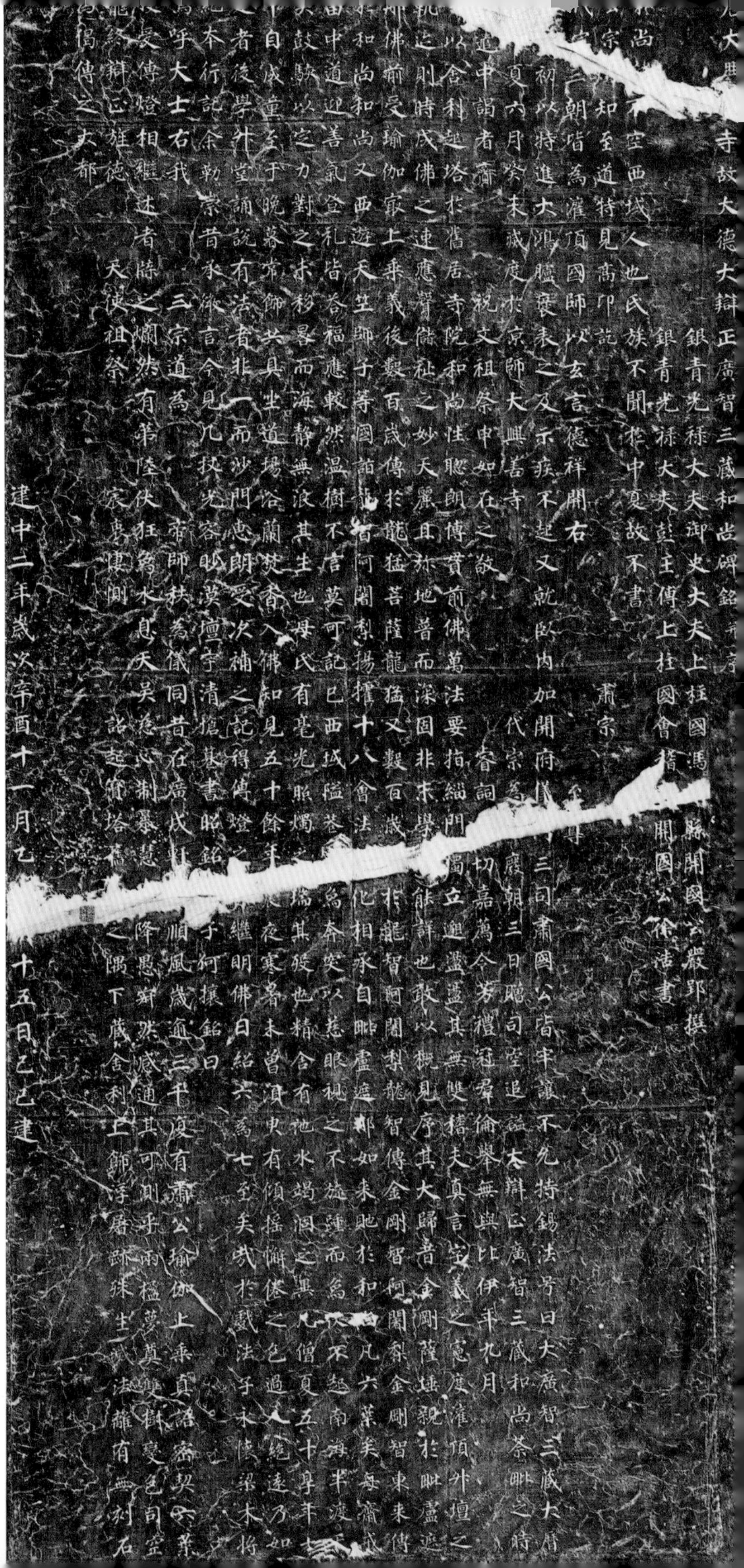

图 61 《不空和尚碑》拓本

和尚讳不空。西域人也。氏族不闻于中夏，故不书。玄宗烛知至道，特见高仰。讫肃宗代宗三朝皆为灌顶国师。以玄言德祥，开右至尊。代宗初，以特进大鸿胪褒表之。及示疾不起，又就卧内加开府仪同三司、肃国公，皆牢让不允。特锡法号曰大广智三藏。大历九年夏六月癸未，灭度于京师大兴善寺。代宗为之废朝三日，赠司空。追谥大辩正广智三藏和尚。茶毗之时，诏遣中谒者赍，祝文祖祭，申如在之敬。睿词深切。嘉荐令芳。礼冠群伦。举无与比。伊年九月诏以舍利起塔于旧居寺院。

和尚性聪朗。博贯前佛万法要指。缁门独立，邈荡荡其无双。稽夫真言字义之宪度，灌顶升坛之轨迹。则时成佛之速，应声储祉之妙，天丽且弥，地普而深，固非末学所能详也。敢以概见序其大归。

昔金刚萨埵亲于毗卢遮那佛前受瑜伽最上乘义。后数百岁传于龙猛菩萨。龙猛又数百岁传于龙智阿阇梨。龙智传金刚智阿阇梨。金刚智东来传于和尚。和尚又西游天竺、师子等国，诣龙智阿阇梨，扬攉十八会法。法化相承。自毗卢遮那如来贻于和尚，凡六叶矣。每斋戒留中，道迎善气。登礼皆答，福应较然。温树不言，莫可记已。西域隘巷，狂象奔突。以慈眼视之，不旋踵而象伏不起。南海半渡，天吴鼓骇。以定力对之，未移晷而海静无浪。其生也，母氏有毫光照烛之瑞；其殁也，精舍有池水竭涸之异。凡僧夏五十。享年七十。自成童至于晚暮，常饰共具坐道场。浴兰焚香，入佛知见。五十余年晨夜寒暑。未曾须臾有倾摇懈倦之色。过人绝远，乃如是者。后学升堂诵说，有法者非一。而沙门惠朗受次补之记，得传灯之旨。继明佛日，绍六为七。至矣哉。于戏法子，永怀梁木。将纪本行，托余勒崇。昔承微言，今见几杖。光容眇漠，坛宇清怆。撰书昭铭，小子何攘。

铭曰：

呜呼大士，右我三宗。道为帝师，秩为仪同。昔在广成，轩后顺风。岁逾三千，复有肃公。瑜伽上乘，真语密契。六叶授受，传灯相继。述者牒之，烂然有第。陆伏狂象，水息天吴。慈心制暴，慧力降愚。寂然感通，其可测乎？两楹梦奠，双树变色。司空宠终，辩正旌德。天使祖祭，宸衷悽恻。诏起宝塔，旧庭之隅。下藏舍利，上饰浮屠。迹殊生灭，法离有无。刻石为偈，传之大都。

　　建中二年岁次辛酉十一月乙卯朔十五日己巳建。

5.2
一切如来心秘密全身舍利宝箧印陀罗尼经

> ❝ 冥冥中似有巧合，《宝箧印陀罗尼经》所讲述的内容和雷峰塔倒掉的历史颇为神似。❞

　　吴越国王钱俶前后三次刊刻的三种《宝箧印陀罗尼经》的版式都大致相同，从刻经的题记、题记之后的木刻扉画及佛经正文来看，三种《宝箧印陀罗尼经》都具有版心小、字体小、幅狭长的特点。从印刷发展史角度看，钱俶刻《一切如来秘密全身舍利宝箧印陀罗尼经》，实际上是现存五代刻本的代表性印刷品。对雕版而言，字愈小愈难镌，字越大反而越易着刀。《宝箧印陀罗尼经》的文字如此之小，而又如此清楚，笔画繁多而不显模糊，足见刀法成熟、风格精致。

学者任光亮和沈津先生认为，"像如此之小的印刷品或刻本，或于此雷峰塔藏经而仅见"[1]。

雷峰塔经前刊刻印经扉画，画面表现的是佛陀带领信众祭拜古塔的场景，卷首题"天下兵马大元帅吴越国王钱俶 / 造此经八万四千卷舍入西关 / 砖塔永充供养乙亥岁八月日纪"。经卷由四张棉纸粘接而成：

第一纸发愿文三行三十七字，后接扉画。经名和经文五十三行，从第一行"天下兵马大元帅吴越国王钱俶"至第五十六行"礼彼朽塔右绕三匝脱身"；

第二纸经文七十三行，从第五十七行"上衣用覆其上泫然垂泪"至第一百二十九行"故隐非如来全身而可毁"；

第三纸经文七十三行，从第一百三十行"坏岂有如来金刚藏身而"至第二百零二行"功德佛告金刚手以此宝"；

第四纸经文和经名七十二行，从第二百零三行"箧陀罗尼威神力故金刚"至第二百七十四行"宝箧印陀罗尼经"。全卷经文共计二百七十四行。每行十到十一字（图62）。

冥冥中似有巧合，《宝箧印陀罗尼经》所讲述的内容和雷峰塔倒掉的历史颇为神似。经文讲述的是一位名为"无垢妙光"的婆罗门，邀请佛陀到他的家中接受其供养。佛陀在带领众人前往"无垢妙光"家宅的路上，路过一个名叫"丰财"的庭园，发现园中有一座倒塌的古塔，塔已摧坏崩倒，被荆棘所淹没，状若土堆。佛陀礼敬古塔，并绕塔三匝。此古朽塔由于有如来法要住持，便向现场众

---

[1] 任光亮，沈津：《杭州雷峰塔及〈一切如来心秘密全身舍利宝箧印陀罗尼经〉》，《文献》2004年第2期，第105页。

人显示了不可思议的功德神力。佛陀于是随机宣法，通过和金刚手大菩萨的问答，宣讲佛陀寂灭后人们对于佛的敬仰和对佛法的传播可以通过供奉佛的生身舍利和法身舍利来进行。生身舍利就是佛的遗骨舍利，法身舍利则是佛教经典。人们可以通过建塔来思慕如来的佛法教化，塔中可以供奉佛的遗骨舍利，还能以法身舍利即佛教经典来代替佛的遗骨舍利。

由于《宝箧印陀罗尼经》所记录的建塔修行法门如此的重要，佛陀在经中向金刚手菩萨宣讲了修行供奉此经的各种秘密神力：

若人书写、读诵此经，即为书写、读诵过去一切诸佛如来所说经典。若受持此经，则会得一切诸佛如来遥加摄护，昼夜现身。若人供养此经，则等于是在一切诸佛如来前所做供养，种植善根。

若人书写此经安置塔中，是塔即为一切如来金刚藏宝塔，为一切如来神力所护佑。若于佛形像中安置此经者，其像即为七宝所成。一切如来于此法要加其威力，以诚实言本誓加持。

塔及佛像所在之处，有大功勋，具大威德，能满一切吉庆。其处不为寒风、雷雹、霹雳所害。又复不为毒蛇、毒虫、毒兽所伤。不为一切寒热诸病所染；亦不为非命所夭、他敌所侵、饥馑所逼。

唐宋交替之际的吴越国已有"法舍利"观念的流传。其佛教经典依据在吴越高僧极为珍视的《妙法莲华经》之《法师品》一节中也表达得非常清楚明白："在在处处，若说、若读、若诵、若书，若经卷所住处，皆应起七宝塔，极令高广严饰，不须复安舍利。所以者何？此中已有如来全身。"

《宝箧印陀罗尼经》的经文并不长，兹根据此卷北宋吴越刻本《宝箧印陀

衣要珞朱舉持覆佛上頂
礼嘆是却往一面作是請
言唯然世尊與諸大衆明
日晨朝至我宅受我供
養尔時世尊黙然許之

尔時世尊安慰彼婆羅門
告之時彼 時

尔時世尊即從座起 身土

嚴至明旦已與諸眷屬持
味飲食張施殺字種種百
言汝等皆應往彼婆羅
門家為欲令彼獲大利故
經於往彼佛 身土 種種光
時錯妙色然焰十方卷皆
間

尔時世尊即從座起
於往彼佛身土種種光

礼彼朽塔右遶三匝脫身
今日獲大善利於汝等門汝於
衰聲嗚咽言汝等善我釋迦
狀若土堆朽壞世尊遶往
有古朽塔摧坏物倒荊棘
一園名曰豐財於彼國中
時彼
前路不遠中至如來
護世光行治道奉引如來
門以恭敬心持以香花珍
普覺主然後取道奉引
諸卷屬及天龍八部釋梵

寶篋印陀羅尼經
歡喜信受奉行
甲午冬十月陳曾壽敬補

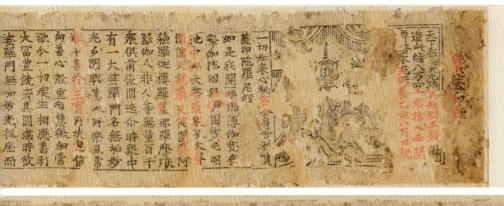

天下兵马大元帅吴越国王钱俶
造此经八万四千卷舍入西关
砖塔永充供养乙亥八月日纪

寶篋印經

一切如来心秘密全身舍利宝箧印陀罗尼经

如是我闻一时薄伽梵在
摩伽陀国无垢园宝光明
池中与大菩萨及大声
闻天龙药叉健闼婆阿
修罗迦楼罗紧那罗摩睺
罗伽人非人等无量百千
众俱前后围遶尔时众中
有一大婆罗门名无垢妙
光多闻聪慧人所乐见常
行十善归三宝所心意泰
向善心殷重有慧微细常
欲令一切众生圆满善利
大富盛饶尔时彼大婆
罗门无垢妙光往诣佛所
光多明聪慧人相应细
如是我闻薄伽梵在

...（以下经文）...

图 62　五代吴越国　乙亥岁（975）刻本《宝箧印陀罗尼经》　阮性山旧藏

罗尼经》文字校勘，敬录全文如下：

一切如来心秘密全身舍利宝箧印陀罗尼经

如是我闻。一时，佛、薄伽梵在摩伽陀国无垢园宝光明池中，与大菩萨众及大声闻僧、天龙、药叉、犍闼婆、阿苏罗、迦楼罗、紧那罗、摩睺罗伽、人非人等，无量百千众，俱前后围绕。

尔时，众中有一大婆罗门，名无垢妙光，多闻聪慧，人所乐见，常奉十善，于三宝所决定信，向善心殷重，智慧微细，常欲令一切众生相应善利，大富丰饶，资具圆满。时彼婆罗门无垢妙光从座而起，往诣佛所，绕佛七匝，以众香华奉献世尊，无价妙衣、璎珞、珠鬘，持覆佛上，顶礼双足，却住一面，作是请言："唯愿世尊与诸大众，明日晨朝，至我宅宇，受我供养。"

尔时，世尊默然许之。时，婆罗门知佛受请，遽还所往，即于是夜广办肴膳百味饮食，张施殿宇种种庄严。至明旦已，与诸眷属，持众香华及诸伎乐，至如来所，白言："时至，愿赴我请，今正是时，愿垂听许。"

尔时，世尊安慰彼婆罗门无垢妙光言已，顾视大众，告言："汝等皆应往彼婆罗门家，为欲令彼获大利故。"

于是，世尊即从座起，才起座已，从佛身出种种光明，间错妙色，照触十方，悉皆警觉，王然后取道。时，婆罗门以恭敬心持以香华，与诸眷属及天龙八部、释、梵、护世，先行治道，奉引如来。

尔时，世尊前路不远，中至一园，名曰丰财。于彼园中有古朽塔，摧坏崩倒，荆棘所没，榛草充遍，覆诸礓砾，状若土堆。尔时，世尊径往塔所，尔时，塔上放大光明，赫然炽盛，于土聚中出善哉声，赞言："善哉！善哉！释迦牟尼如来，今日所行极善境界。"又言："汝婆罗门，汝于今日获大善利。"尔时，世尊礼彼朽塔，右绕三匝，脱身上衣用覆其上，泫然垂泪，涕泗交流，泣已微笑。当尔之时，十方诸佛皆同观视，亦皆泣泪，俱放光明来照是塔。是时，大众集会，皆同怪异，惊怖而住。

尔时，金刚手菩萨等亦皆流泪，威焰炽盛，执杵旋转，往诣佛所，白言："世尊，此何因缘现是光相？何于如来眼流泪如是？此是佛之大瑞光相现前，唯愿如来于此大众解释我疑。"

时，薄伽梵告金刚手："此大全身舍利聚如来塔，一切如来俱胝如胡麻心陀罗尼印法要，今在其中。金刚手，有此法要在是中故，塔即为如胡麻俱胝百千如来之身；亦是如胡麻百千俱胝如来全身舍利聚，乃至八万四千法蕴亦住其中；即九十九百千俱胝如来顶相在其中；是塔一切如来之所授记，若是塔所在之处，有大功勋，具大威德，能满一切吉庆。"

尔时大众闻佛是说，远尘离垢及随烦恼，得法眼净。其中即有得须陀洹果者、得斯陀含果者、得阿那含果者、得阿罗汉果者，或有得辟支佛道者，或有入菩萨位者，或有得阿毗跋致者、或有得菩萨授记者，或有得初地、二地，乃至十地者，或有满足六波罗蜜者。其婆罗门远尘离垢，得五神通。

尔时金刚手菩萨见此奇特希有之事，白佛言："世尊，甚奇特稀有！但闻此事，尚获如是殊胜功德，何况于此法要种植善根，获大福聚！"

佛言："谛听！金刚手，若有善男子、善女人、比丘、比丘尼、优婆塞、优婆夷，书写此经典者，即为书写彼九十九百千俱胝如胡麻如来所说经典，即于彼九十九百千俱胝如胡麻如来种植善根，即为彼等如来护念摄受。若人读诵，即为读诵过去一切诸佛所说经典。若受持此经，即彼九十九百千俱胝如胡麻如来、应、正等觉，彼——如来——方所，遥加摄护，昼夜现身。若有人供养此经，以香华涂香、花鬘衣服严具而供养者，即于彼十方九十九百千俱胝如来之前，成天妙花香，衣服严具，七宝所成，积如须弥，而为供养，种植善根，亦复如是。"

尔时，天龙八部、人、非人等，见闻是已，各怀希奇，互相谓言："奇哉！威德！是朽土聚，以如来神力所加持故，有是神变。"金刚手复白佛言："世尊！何因缘故，是七宝塔现为土聚？"

佛告金刚手："此非土聚，乃七宝所成七宝塔耳！复次，金刚手，由诸众生业果故隐，非如来全身而可毁坏。岂有如来金刚藏身而可坏也？但以众生业果因缘示现隐耳！复次，金刚手，后世末法逼迫，尔时多有众生习行非法，应堕地狱，不求佛法僧，不种植善根，为是因缘，好法当隐，唯除此塔，以一切如来神力所持。以是事故，我今流泪。彼诸如来，亦以是事悉皆流泪。"

尔时金刚手菩萨白佛言："世尊，若有人书写此经安置塔中，获几所福？"

佛告金刚手："若人书写此经置塔中者，是塔即为一切如来金刚藏窣都波，亦为一切如来陀罗尼心秘密加持窣都波，即为九十九百千俱胝如胡麻如来窣都波，亦为一切如来佛顶佛眼窣都波，即为一切如来神力所护。若于佛形像中安置及于一切窣都波中安置此经者，其像即为七宝所成。其窣都波亦为七宝，伞盖、珠网、露盘、交结、德字、铃铎纯为七宝。一切如来于此法要加其威力，以诚实言本誓加持。若有有情能于此塔种植善根，必定于阿耨多罗三藐三菩提不退转。乃至应堕阿鼻地狱者，若于此塔一礼拜，一围绕，必得解脱，皆得不退转于阿耨多罗三藐三菩提。塔及形象所在之处，一切如来神力所护，其处不为寒风、雷雹、霹雳所害。又复不为毒蛇、毒虫、毒兽所伤；不为恶星、怪鸟、鹦鹉、鹧鸪、虫鼠、狼蛾、蜂虿之所伤害。亦无药叉、罗刹、部多、舍遮、癫痫之怖；亦不为一切寒热诸病、疬瘘、痈毒、疮疣、疥癞所染。若人暂见是塔，一切皆除。其处亦无人马牛疫、童子童女疫、亦不为非命所夭、亦不为刀杖水火所伤、亦不为他敌所侵、饥馑所逼，厌魅咒祷不能得便。四大天王与诸眷属昼夜卫护；二十八部大药叉将及日月、幢云、彗星昼夜护持，及一切龙王加其精气顺时降雨，一切诸天与忉利天三时下来亦为供养礼拜塔故，一切诸仙三时来集赞咏旋绕，释提桓因与诸天女昼夜

第五章　雷峰塔藏经：远尘离垢，及随烦恼

三时来下供养。其处即为一切如来护念加持。若人作塔，或土、石、木、金、银、赤铜，书此法要，安置其中，才安置已，其塔即为七宝所成；上下阶陛、露槃、伞盖、铃铎、悬缯纯为七宝，其塔四方如来形相亦复如是，则一切如来神力所持。其七宝塔大全身舍利藏，高至阿迦尼吒天宫，一切诸天守卫供养。"

金刚手白佛言："世尊，何因缘故，此法如是殊胜功德？"佛告金刚手："以此宝箧印陀罗尼威神力故。"金刚手言："唯愿如来哀愍我等，说是陀罗尼。"

佛言："谛听！金刚手，此是未来、现在及已般涅槃者全身舍利，皆在宝箧印陀罗尼中。是诸如来所有三身亦在是中。"

尔时世尊即说陀罗尼曰：娜莫悉怛哩也_{四合}地尾_{二合}迦南_引萨婆怛他蘖多喃_二唵_三部尾婆缚娜缚梨加缚者梨_五缚者赇_{知鲁及六}祖鲁祖鲁驮啰_七萨缚怛他蘖多_八驮_引都驮梨钵娜_{二合}婆缚底_九惹也缚犁_十亩祖犁萨么_{二合}啰_{十一}怛佗蘖多达摩斫迦啰_{十二}钵啰_{二合}靺喋哆_{二合}娜缚日啰_{二合}冒地满拿_{十三}楞迦_引啰_{十四}楞讫哩_{二合}谛_{十五}萨缚怛他_引蘖多_引地瑟耻_{二合}谛_{十六}冒驮野冒驮野_{十七}冒地冒地_{十八}没没_{十九}三冒驮你三冒驮野_{二十}者攞者攞_{廿一}者懒睹_{廿二}萨缚缚啰拿你_{廿三}萨缚播_引波尾蘖谛_{廿四}户噜_{廿五}萨缚戌迦弭蘖帝_{廿六}萨缚怛他蘖多_{廿七}纥哩_{二合}那野缚日哩_{二合}抳_{廿八}三婆啰三婆啰_{廿九}萨缚怛他蘖多_{三十}麌四野_{二合}驮啰抳亩涅犁_{二合廿一}没悌苏没悌_{廿二}萨缚怛他蘖多_引地瑟耻多_{廿三}驮睹蘖陛娑缚_{二合}诃_{廿四}三摩耶_引地瑟耻_{二合}帝娑缚_{二合}诃_{廿五}萨缚怛他蘖多纥哩_那野驮睹亩捺梨_{二合}娑缚_(二合)呵_{廿六}苏钵啰底瑟耻_多多蘖睹_{二合}闭怛他蘖多_引地瑟耻_{二合}帝户噜户噜吽吽娑缚诃_{廿七}唵萨缚怛他蘖多_{廿八}坞瑟抳_{二合}沙驮都亩捺啰_{二合}尼萨缚怛他蘖单娑驮都尾部使多_引地瑟耻_{二合}帝_{廿九}吽吽娑缚_{二合}诃_{四十}。

尔时，世尊说是陀罗尼时，从朽塔处有七宝窣堵波自然涌出，高广严饰，庄严微妙，放大光明。

时，彼十方九十九百千俱胝那庾多如来，皆来称赞释迦牟尼佛，各作是言：善哉，善哉，释迦如来，能说如是广大法要，安置如是法藏于阎浮提，令诸众生受乐安隐。若有善男子、善女人安此法要安置此陀罗尼于塔像中者，我等十方诸佛随其方处，恒常随逐。于一切时以神通力及誓愿加持护念。

　　尔时世尊说此大全身舍利宝箧印陀罗尼。广作佛事已。然后往彼婆罗门家，受诸供养，令无数天人获大福利已，却还所住。

　　尔时大众，比丘、比丘尼、优婆塞、优婆夷、天龙、夜叉、犍闼婆、阿修罗、迦楼罗、紧那罗、摩睺罗伽、人非人等，皆大欢喜，信受奉行。

5.3
雷峰塔藏经的版本

> 66 厘清《雷峰塔经》有多少个版本系统，是鉴定《雷峰塔经》版本真伪的前提条件。 99

　　在中国历史上，极度崇拜并大量雕印《一切如来心秘密全身舍利宝箧印陀罗尼经》的，首推钱俶所据的吴越国时期。根据已公布的资料，目前发现的吴越国时期刊雕的《一切如来心秘密全身舍利宝箧印陀罗尼经》有多种，其中以显德三年丙辰（956）本、乾德三年乙丑（965）本、开宝八年乙亥（975）本影响最大。这三种中又以开宝八年乙亥（975）本，即雷峰塔藏经存世数量为最多。

　　但是，雷峰塔藏经到底刻印了多少版多少件，长期以来并没有定说。佛典记载，钱俶"慕阿育王造八万四千塔，金铜精钢冶铸甚工，中藏《宝箧印心咒经》，亦及八万四千数。布散部内以为填宝镇，镇钱唐诸邑，西湖南北山诸刹相望，皆忠懿之创立也"[1]。俞平伯先生说："（雷峰塔经）有竹制、绵纸两种。因当时一板有八万四千，故板式印刷均有参差，很有优劣，随大致相仿。"[2]所谓"八万四千"之数，沈津先生已有文辨证："八万四千，本为佛教表示事物众多的数字，后来用以形容数量极多。……凡此种种，都并非实数，而只是虚数罢了。""因此，雷峰塔经当年印了多少，实在是个未知数，但一定有多块板子，方能印出较多的卷子，因为一块板子，只能刷印数百张"[3]。

　　研究雷峰塔经版本系统的干扰因素有很多，其中最主要的原因是经卷大多糟朽残损严重，难有完好者提供研究标本。其次是对残损佛经进行修复时纸张、字体、扉画变形，严重影响研究者判读，修复时还会将属于不同经卷的残片拼接在一起。如是之故，雷峰塔藏经到底有哪些共性特征，竟成为难以说清楚的问题。

　　李际宁先生原为国家图书馆研究员，长期以来着重于敦煌遗书及佛教大藏经领域的研究，被北京大学著名学者白化文誉为"我国新一代佛经版本专家"。

---

〔1〕　［宋］志磐：《佛祖统纪》卷 10，见"中华典藏"https://www.zhonghuadiancang.com/foxuebaodian/11843/233887.html。

〔2〕　俞平伯：《记西湖雷峰塔发见的塔砖与藏经》，《俞平伯全集·第二卷》，花山文艺出版社，1997年，第 39 页。

〔3〕　沈津：《书林物语》，上海辞书出版社，2011 年，第 200-205 页。

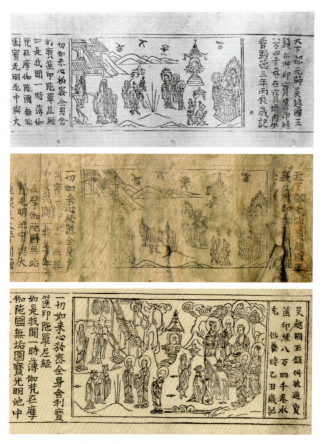

图 63　不同版本的雷峰塔藏经

关于雷峰塔藏经，李际宁先生认为，厘清雷峰塔藏经有多少个版本系统，是鉴定雷峰塔藏经版本真伪的前提条件。他以丰富的鉴定经验归纳出雷峰塔藏经至少存在三个版本系统（图63），并条分缕析了各系统的重要特征。原文详见本书附录。

李际宁：吴越国时期雕版印刷的『宝箧印经』版本研究

"宝箧印经"，全称《一切如来心秘密全身舍利宝箧印陀罗尼经》，又简称为"宝箧经""宝箧印心咒经"。著名的《雷峰塔经》是其中的一种。唐大历七年（772），三藏沙门不空上表，奏请玄、肃、代三朝译出经典包括"宝箧印经"在内"七十七部凡一百一卷并都目一卷"上进流传。《大唐贞元续开元释教录》著录，历代大藏经收入。在中国历史上，极度崇拜并大量雕印《一切如来心秘密全身舍利宝箧印陀罗尼经》的，大概首推钱俶据有吴越国时期，"宝箧印经"不仅是研究中国和东亚地区"宝箧印经"思想的重要资料，也是研究中国早期雕版印刷史的重要实物资料。

据已公布的资料，目前在中国大陆发现的吴越国时期刊雕的《一切如来心秘密全身舍利宝箧印陀罗尼经》有多种，其中显德三年丙辰（956）本、乾德三年乙丑（965）本、开宝八年乙亥（975）本影响最大。本文利用相关资料，对上述三个"宝箧印经"的版本特点作初步研究。

一　中国流传的"宝箧印经"的系统

日本《大正藏》收录的"宝箧印经"分"大""小"两本，编号 No.1022A 本，文字稍短，本文称为"小本"。编号 No.1022B 本，文字稍长，本文称"大本"。

《大正藏》校勘说明，"小本"底本为《高丽藏》，应是历代入藏本。"大本"来源于"享和元年刊长谷寺藏本，此经与丽本大异，故别载之"[1]。明显的证据在于宝箧印陀罗尼之后的一段文字，小本简明而大本繁缛：

---

[1]　见《大正藏》No.1022B 卷端注文。该经卷末有附记："此经与大明藏兴函仪轨离部第八不空所译《宝箧印陀罗尼经》同本，而其异不少也。此本者，遍照金刚及慈觉智证三师之请来，文义通畅也。先亮汰和上注此本行天下，今因刻诸轨，更标藏本之异于冠，以上木。享和改元辛酉仲秋月丰山勤息快道志，享和癸亥三月二十八日一校加笔毕慈顺。"

小本：

　　尔时世尊说是陀罗尼时，从朽塔处有七宝窣堵波自然涌出，高广严饰，庄严微妙，放大光明。时彼十方九十九百千俱胝那庾多如来，皆来称赞释迦牟尼佛，各作是言：善哉，善哉，释迦如来，能说如是广大法要，安置如是法藏，于阎浮提令诸众生利乐安隐，若有善男子善女人安此法要，安置此陀罗尼于塔像中者，我等十方诸佛，随其方处，恒常随逐，于一切时，以神通力及誓愿力加持护念。

大本：

　　尔时佛说是神咒已，诸佛如来自土聚中出声赞言：善哉，善哉，释迦世尊。出浊恶世为利，无依无怙众生，演说深法，如是法要久住世间，利益广多，安稳快乐。于时佛告金刚手言：谛听，谛听，如是法要。神力无穷，利益无边。譬如幢上如意宝珠，常雨珍宝满一切愿。我今略说万分之一，汝宜忆持利益一切。若有恶人死堕地狱，受苦无间，免脱无期。有其子孙称亡者名，诵上神咒缠至七遍，洋铜热铁忽然变为八功德池，莲生承足宝盖驻顶，地狱门破，菩提道开，其莲如飞，至极乐界，一切种智自然显发，乐说无穷，位在补处。复有众生重罪报故，百病集身苦痛逼心，诵此神咒二十一遍，百病万恼一时消灭。寿命延长，福德无尽。若复有人悭贪业故生贫穷家，衣不隐身，食不续命，羸瘦衰蔽人所恶贱，是人惭愧，入山折采无主搞华，若磨朽木持以号香，往至塔前礼拜供养，旋遶七匝流泪悔过。由神咒力及塔威德，灭贫穷报富贵忽至，七宝如雨无所阙乏。但当此时弥饰佛法施与贫乏，若有恪惜财宝忽灭。若复有人为种善根随分造塔，或泥或甎，随力所办，大如菴罗高四指许，书写神咒安置其中，持以香华礼拜供养，以其咒力及信心故，自小塔中出大香云，香气云光，周遍法界。薰馥晃曜，广作佛事，所得功德如上所说。

取要言之，无愿不满。若有末世四辈弟子善男善女，为无上道尽力造塔安置神咒，所得功德说不可尽。若人求福至其塔所，一华一香，礼拜供养，右旋行道，由是功德，官位荣耀，不求自至。寿命富饶，不祈自增。怨家盗贼，不讨自败。怨念咒咀，不厌归本。疫疠邪气，不拔自避。善夫良妇，不求自得。贤男美女，不祷自生。一切所愿，任意满足。若有乌雀鸱枭鸠鸽，鸺鹠狗狼野干，蚊虻蚁蝼之类，暂来塔影及踏场草，摧破惑障，觉悟无明。忽入佛家，恣领法财。况有众人或见塔形，或闻铎声，或闻其名，或当其影，罪障悉灭。所求如意，现世安稳，后生极乐。或人随力，以一丸泥涂塔坏壁，运一拳石，扶塔礩倾。由此功德，增福延寿，命终之后，成转轮王。若我灭后，四部弟子，于是塔前，济苦界故，供养香华，至心发愿，诵念神咒，文文句句，放大光明。照触三途，苦具皆辟。众生脱苦，佛种牙萌。随意往生十方净土。若人往在高山峰上至心诵咒，眼根所及，远近世界，山谷林野，江湖河海，其中所有毛羽鳞甲一切生类，碎破惑障，觉悟无明，显现本有三种佛性，毕竟安处大涅槃中。若与此人往过道路，或触衣风，或踏其迹，或唯见面，或暂交语，如是等人，重罪咸灭，悉地圆满。尔时佛告金刚手言：今此祕密神咒经典付嘱汝等，尊重护持，流布世间，不令众生传受断绝。金刚手言：我今幸蒙世尊付嘱，唯愿我等为报世尊深重恩德，昼夜护持流布宣扬一切世间。若有众生书写受持忆念不断，我等麾催释梵四王龙神八部，昼夜守护，不暂舍离。佛言：善哉，金刚手，汝为未来世一切众生大利益故，护持此法，令不断绝。

上述两本比较，结果非常明显，"大本"将有关念诵、抄写、供养、入塔安奉宝箧印陀罗尼诸功德，不厌其详地铺陈，大大增加了这一部分的文字量。而这一部分文字的来源，目前尚未有明确说法，好在这不影响我们辨别两个系统的特点。

瑞典斯德哥尔摩东方博物馆收藏品

通过校勘知道，五代吴越国时期流传的"宝箧印经"，以"小本"为主，不论显德三年丙辰本、乾德三年乙丑本、开宝八年乙亥本，无出其右。这个现象帮助，吴越国时期流传的不空译《一切如来心秘密全身舍利宝箧印陀罗尼经》底本来源，就是当时在中国内地流传广泛的属于"小本"系统的"宝箧印经"。

通过校勘还知道，在韩国收藏的几种刻本"宝箧印经"，也以"小本"系统为多，比如，"统和二十五年（1007）"本、"乾统年（1101—1110）"本，与中国江南地区发现的显德三年丙辰本、乾德三年乙丑本有许多相似之处。由此推想，当时在朝鲜半岛流传的"宝箧印经"，与中国内地流传的"小本"系统有某种渊源，或者可以说是这些版本的传刻本。

二 显德三年丙辰本

目前发现的五代时期至北宋初年在吴越国地区雕印的"宝箧印经"，以显德三年本为最早。这个版本，就笔者所知，已经公布的资料有两条：

安徽省博物院收藏本（扉画）

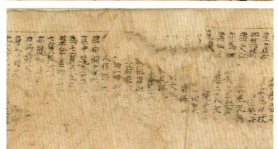

安徽省博物院收藏本（局部）

　　其一，1917 年在中国浙江湖州天宁寺石幢中发现，现藏瑞典斯德哥尔摩东方博物馆。袖珍卷轴装，卷首有扉画，扉画前有发愿文："天下都元帅吴越国王 / 钱弘俶印宝箧印经 / 八万四千卷在宝塔内供 / 养显德三年丙辰岁记。"[1] 扉画四周双边，经文上下单边。全卷共 4 版，338 行，每行 8 字（间有个别 9 字者，首尾题及陀罗尼行字不等）。第 1 版经文 70 行，第 2 版 97 行，第 3 版 91 行，第 4 版 83 行。各版端未见版片号。

〔1〕　王国维：《两浙古刊本考》，载《闽蜀浙粤刻书丛考》，北京图书馆出版社，2003 年。该本影印 1940 年商务印书馆印《海宁王静安先生遗书》本。艾思仁（SOREN EDGREN）：《THE PRINTED DHARANI-SUTRA OF A.D.956 》 Reprinted from 《THE MUSEUM OF FAR EASTERN ANTIQUITIES》 Buiietin No.44 1972。承先生赠送抽印本，谨此表示感谢！该文特别重要的价值在于，论文后附有整卷图版。

关于此本，王国维说："同时所出二卷，大小行款均同而字体微异，可证其有数板也。"[1]这两件，一件现存瑞典，另一件收藏单位不详。

其二，1971年于安徽省无为中学宋代舍利塔地宫发现一件，卷首有同样的发愿文，存"天下都元帅吴越国王／钱弘俶印宝箧印经□……□"几字，年款处文字残损严重，难以辨认。现藏安徽博物院（简称"安博"）。

关于安博本，最近有黎毓馨主编《吴越胜览——唐宋之间的东南乐国》一书刊布全图[2]，据资料公布的数据，本件长约150厘米，高7厘米，"用质地柔软的绵纸印制，至少三张粘连，卷轴装"。

斯德哥尔摩东方博物馆收藏本品相完好，文字清晰。安博本前半段残损较为严重，托裱时经文有错简。经过比勘发现，上述两本虽属同一系统，但字体版刻风格尚有些微差别，可以肯定两者之间有覆刻关系，但非同一版本。孰前孰后，有待深入研究。

三　乾德三年乙丑本

1971年在浙江省绍兴市区物资公司工地（现大善塔附近）铁铸阿育王塔内发现，塔上铸"吴越国王钱俶／敬造宝塔八万／四千所永／充供养时乙丑岁记"，塔中有小木简，内装经卷。现藏浙江省博物馆。该本是一个独立的系统，目前仅发现一件，尚无第二件[3]。该件近在《吴越胜览——唐宋之间的东南乐国》

---

[1]　王国维：《两浙古刊本考》，载《闽蜀浙粤刻书丛考》，北京图书馆出版社，2003年。该本影印1940年商务印书馆印《海宁王静安先生遗书》本。

[2]　黎毓馨主编：《吴越胜览——唐宋之间的东南乐国》，中国书店，2011年。从本人的角度来看，该书最重要的文献价值在于第一次完整地公布了有关吴越国时代几个重要"宝箧印经"的图版，编撰者功德无量。

[3]　部分文字与显德本、乙亥本都有较大差距。

乙丑本（扉画）

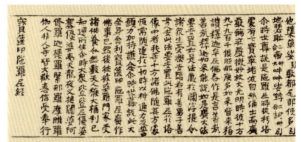

乙丑本（局部）

书中刊布全图，极为宝贵。根据图版知道，本件经文上下单边。通卷 4 纸，长 182.8 厘米，高 8.5 厘米，总 220 行，第 1 纸 64 行，第 2 纸 81 行，第 3 纸 49 行，第 4 纸 26 行，每行 10 至 14 字不等。本件现藏浙江省博物馆。

本件书品状况，诚如张秀民的评价："不但扉画线条明朗精美，文字也清晰悦目，如宋本佳椠。纸质洁白，墨色精良，千年如新。"[1] 以该本与其他本校勘，可以发现，此本经文更胜。如：

（1）"大众明日晨朝至我宅"一句，"雷峰塔经"各本作"宇"，乙丑本是；

---

〔1〕　张秀民著，韩琦增订：《中国印刷史》（上），浙江古籍出版社，2006 年，第 36 页。

（2）"于是世尊即从座起"一句，"雷峰塔经"各本作"时"，乙丑本是；

（3）"时薄伽梵告金刚手：此大全身舍利聚如来塔"一句，"雷峰塔经"各本阙"此"字，乙丑本是。

四　瑞安慧光塔出土本

1966 年在瑞安慧光塔出土。卷轴装，楷书，长 193 厘米，高 9.3 厘米，总 251 行，行 11 字。同时发现的刻本有五件，另有不同抄写风格的写本多件。笔者仅见首尾两张图版，未详全卷共有几版，每版版式行款如何。因为本件没有题记，故其刊雕年代尚待考证，研究者认为："五卷版式相同，唯一卷纸硬脆，余四卷为白棉纸。"[1]又说："经文中的殷、敬等字都不避宋讳，应属五代吴越国刻本。"[2]"字迹清晰，墨色浓厚。经题'一切如来心秘密全身舍利宝箧印陀罗尼经'。后为经文。应为五代吴越国后期的刻版，或北宋用旧版重印。"[3]

根据公布的数据，知道此卷高度较其他各本略大，字形亦相对较大。字体基本为正楷，刀法成熟，字形规范，经文校勘精良，少用异体、别体。该本的雕版时代，笔者参以同塔所出其他写本"宝箧印经"，姑且自妄加推测，其雕版年代可能较显德三年丙辰本、乾德三年乙丑本、开宝八年乙亥本《雷峰塔经》略晚一些，当在北宋中期。之所以"殷""敬"等字没有避讳，盖因佛经可不避讳也。

五　开宝八年乙亥本

即俗称之"雷峰塔经"者，因 1924 年杭州西湖雷峰塔倒塌后在塔砖中大量

---

〔1〕　金柏东主编，温州博物馆编：《白象慧光——温州白象塔、慧光塔典藏大全》，文物出版社，2010 年，第 12 页。

〔2〕　金柏东主编，温州博物馆编：《白象慧光——温州白象塔、慧光塔典藏大全》，文物出版社，2010 年，第 12 页。

〔3〕　黎毓馨主编：《吴越胜览——唐宋之间的东南乐国》，中国书店，2011 年。

发现故名。袖珍卷轴装。卷首有扉画，扉画前有发愿文："天下兵马大元帅吴越国王钱俶／造此经八万四千卷舍入西关／砖塔永充供养乙亥八月日纪。"

根据各方已经公布的资料知道，目前各类雕版印刷《宝箧印经》，以开宝八年乙亥《雷峰塔经》本存世最多。

"雷峰塔经"属于"小本"系统，而又与其他各本文字有差别，是一个相对独立的系统。以第一句经文为例，"薄伽梵"为佛陀的十大名号之一，在汉译佛教经典中有时又译为"佛""世尊"。"雷峰塔经"卷首经文称"佛薄伽梵"，而与其他各本称"佛"或"薄伽梵"不同，这显示了"雷峰塔经"在写版雕印过程中形成的独特现象，使其成为一个独立的系统。

见下表：

《大正》"小本"	"显德三年"本	"乙丑"本	"慧光"本	"雷峰塔经"本
如是我闻，一时**薄伽梵**在摩伽陁国无垢园宝光明池中。	如是我闻，一时**薄伽梵**在摩伽陁国无垢园宝光明池中。	如是我闻，一时**薄伽梵**在摩伽陁国无垢园宝光明池中。	如是我闻，一时**薄伽梵**在摩伽陁国无垢园宝光明池中。	如是我闻，一时**佛薄伽梵**在摩伽陁国无垢园宝光明池中。

"雷峰塔经"卷端经文的这个特点，可以作为比较"雷峰塔经"与"显德"本、"乙丑"本、"瑞光塔"本最明显的差别，是区分"雷峰塔经"系统与其他系统的重要标志。

"雷峰塔经"当年到底刻印了多少版多少件，长期以来没有定说。佛典记载，钱俶"慕阿育王造八万四千塔，金铜精钢冶铸甚工，中藏《宝箧印心咒经》，亦及八万四千数。布散部内以为填宝镇，镇钱唐诸邑，西湖南北山诸刹相望，皆忠懿之创立也。"[1] 俞平伯先生说："（雷峰塔经）有竹制、绵纸两种。因当

〔1〕 《佛祖统纪》卷第十。

时一板有八万四千，故板式印刷均有参差，很有优劣，随大致相仿。"[1] 所谓
"八万四千"之数，沈津先生已有文辨证："八万四千，本为佛教表示事物众多
的数字，后来用以形容数量极多。……凡此种种，都并非实数，而只是虚数罢
了。""因此，雷峰塔经当年印了多少，实在是个未知数，但一定有多块板子，
方能印出较多的卷子，因为一块板子，只能刷印数百张。"[2]

干扰认识"雷峰塔经"版本系统的因素很多，比如：（1）经卷大多糟朽残
损严重，难有完好者提供研究标本；（2）修复时纸张、字体、扉画变形，严重
影响研究者判读；(3)装裱或收藏者往往将属于不同经卷的残片拼接在一起；（4）
修裱人员用墨笔修描图版字迹；（5）真假混杂缀接。如是之故，"雷峰塔经"
到底有哪些共性特征，竟成为难以说清楚的问题。

厘清"雷峰塔经"有多少个版本系统，是鉴定"雷峰塔经"版本真伪的
前提条件。以笔者经眼者言，"雷峰塔经"至少存在三个版本系统。这三个系
统，可以中国国家图书馆收藏品为例。三件的善本藏书编号为 0925、18063、
9280，为行文方便，以下依次以 A、B、C 本对应，分别述之。

（1）A 本（0925 号）

此本即印入《中国版刻图录》者。版式行款如下：上下单边。通卷四版，第 2、
3、4 版端刊版片号，全卷经文应为 271 行，其中第 32 残佚，现存 270 行，每
行 10 字。前段残破较为严重，卷尾偶有残损。各版版刻风格、纸张质量统一，
非杂卷拼凑。各版存况如下：

［1］　俞平伯：《杂拌儿》，江西人民出版社，1982 年。

［2］　沈津：《书林物语》，上海辞书出版社，2011 年。

第 1 版存 52 行（1—31，33—53 行）　　第 2 版 73 行（54—126 行）

第 3 版 73 行（127—199）　　　　　　第 4 版 72 行（200—271）

其中第 1 版第 32 行"无垢妙光言已顾视大众"10 字残佚。目前所知，国内流传的"雷峰塔经"，大部分属于这个版本系统，数量最多。

（2）B 本（18063 号）

本件扉画保存较好。版式行款如下：通卷上下单边，全四版，第 2、3、4 版端刊版片号，全卷存经文 271 行，每行 10 字。通卷文字书品较好。各版版刻风格、纸张质量统一，非杂卷拼凑。各版存况如下：

第 1 版 53 行（1—31，33—53 行）　　第 2 版 73 行（54—126 行）

第 3 版 73 行（127—199）　　　　　　第 4 版 72 行（200—271）

国内流传的"雷峰塔经"，这个版本系统的数量较少。

（3）C 本（9280 号）

本件扉画及经文残破严重，有陈曾寿朱笔补写，卷尾署"宣统甲子冬十月十七日，陈曾寿补"。版式行款如下：通卷上下单边，全四版，第 3、4 版端存版片号，全卷经文总 271 行，每行 10 字。首尾残损较严重，偶有残破，字损处朱笔补写。各版版刻风格、纸张质量统一，非杂卷拼凑。各版经文行数与 A、B 本不同：

第 1 版 53 行（1—53 行）　　　　　　第 2 版 73 行（54—127 行）

第 3 版 73 行（128—201）　　　　　　第 4 版 72 行（202—271）

该本数量极少，目前所知，仅有中国国家图书馆存一件，大英博物馆存一件。

以国图上述所藏三件版式比较其他各本，可以归纳出"雷峰塔经"三个系统的某些重要特征。

（1）A、B 两本行款相同 C 本异

《雷峰塔经》由 4 版连缀组成，第 1 版端有扉画，其余各版版端有版片号。比较三个系统的"雷峰塔经"后，笔者非常惊异地发现，A 本、B 本的行款是相同的，而 C 本与之有差异。第 1 版 A、B、C 三本都是 53 行，第 2、3 版 A、B 本为 73 行，C 本为 74 行，第 4 版 A、B 本都是 72 行，C 本为 70 行。这样，三个本子的总行数虽然一致，但三个本子的行款差异，已经可以成为判定 C 本与其他两个本子不同的重要依据。

列表如下：

编号	第 1 版	第 2 版	第 3 版	第 4 版
A 本	1—53（53 行）	54—126（73 行）	127—199（73 行）	200—271（72 行）
B 本	1—53（53 行）	54—126（73 行）	127—199（73 行）	200—271（72 行）
C 本	1—53（53 行）	54—127（74 行）	128—201（74 行）	202—271（70 行）

图版比较如右页：

（2）版刻字体略有不同

"雷峰塔经"三个系统的字体有差异，除去导致经卷书品差异的后天因素而外，仅从版刻风格而言，A 本似乎更紧凑，B 本笔画较为松散，C 本字体则纤细工整。

A本 第2版　　　　　A本 第3版　　　　　A本 第4版

B本 第2版　　　　　B本 第3版　　　　　B本 第4版

C本 第2版

C本 第3版

C本 第4版

A本

B本

C本

（3）A、B 两本最大区别在"互"字、"属"字等字体写法不同

"雷峰塔经"A、B 两本版式相同，风格接近，那么，如何区别 A 本与 B 本呢？笔者以为，最重要的是建立比较两本的标准"坐标"。但是，"雷峰塔经"经历千年风雨和沧桑历史，影响各个本子的因素很多，如经卷破损、纸张变形、墨色消褪、水渍污染，加之后天人为因素，给今人研判带来众多干扰因素，仅仅比较点、横、撇、捺的形态，已经不能解决问题。笔者的方法是，利用校勘的方式，逐行比较经文，寻找异体字、别体字等特征。比如：两本第 118 行"是已个怀希奇互相谓言"，其中的"互"字写法颇有特色，B 本保留了唐人写经的异写风格，而 A 本则是后人翻刻时误认的错误写法。而第 177 至 178 行间"四大天王与诸眷属昼夜护卫"一句，其中的"属"字，B 本省笔简略，写成一个俗体字。

如图：

A本"互"字的写法　　　　　　　　　　A本"互"字放大

B本"互"字的写法

B本"互"字放大

A本"属"字的写法

A本"属"字放大

B本"属"字的写法

B本"属"字放大

六　总结

1. 吴越国时期雕印的"宝箧印经"版本较多，但都以"小本"为主。

2. 以目前资料比较，尚难判断显德三年丙辰本、乾德三年乙丑本和开宝八年乙亥本之间的关系。考虑到上述三个系统出现的时间较近，其相互之间的关系，尚应深入研究。

3. 温州慧光塔所出5件没有年款的刻本，是一个新的资料，其版本特征鲜明，是一个独立的系统，应给予注意。

4. 存世最多的开宝八年乙亥本"雷峰塔经"有三个系统，国家图书馆收藏的三件，可以视为这三个系统的标志。

5. 目前已经公布的"雷峰塔经"，大多属于上述 A 本或 B 本系统，除部分未完整公布图版的经卷，几乎无出其右者。"雷峰塔经"三个系统的存世数量，A 本最多，B 本较少，C 本非常稀少。

6. 仅以目前收集到的资料看，民国年间复制的"雷峰塔经"，几乎全部属于 A 本系统，或属于由 A 本再整理的版本。

图书在版编目（CIP）数据

远尘离垢：雷峰塔与雷峰塔所藏 / 中国嘉德古籍善本部主编. -- 上海：上海书画出版社, 2023.10
ISBN 978-7-5479-3208-7

Ⅰ.①远… Ⅱ.①中… Ⅲ.①佛塔－古塔－古籍－汇编－杭州 Ⅳ.①K928.75

中国国家版本馆CIP数据核字(2023)第184089号

远尘离垢——雷峰塔与雷峰塔所藏

中国嘉德古籍善本部　主编

选题策划	朱艳萍
责任编辑	张箬溪　张　姣
编　　辑	伍　淳
审　　读	雍　琦　陈家红
整体设计	刘　蕾
技术编辑	包赛明

出版发行　上海世纪出版集团
　　　　　上海书画出版社

地　　址	上海市闵行区号景路159弄A座4楼
邮政编码	201101
网　　址	www.shshuhua.com
E－mail	shuhua@shshuhua.com
制　　版	杭州立飞图文制作有限公司
印　　刷	浙江新华印刷技术有限公司
经　　销	各地新华书店
开　　本	720×1000　1/16
印　　张	12
版　　次	2023年10月第1版　2023年10月第1次印刷
书　　号	ISBN 978-7-5479-3208-7
定　　价	128.00元

若有印刷、装订质量问题，请与承印厂联系